Tengo que morir todas las noches

Tengo que morir todas las noches

Una crónica de los ochenta,
el *underground* y la cultura gay

GUILLERMO OSORNO

Tengo que morir todas las noches

Primera edición: junio, 2014
Primera reimpresión: agosto, 2014

D. R. © 2014, Guillermo Osorno

D. R. © 2014, derechos de edición mundiales en lengua castellana:
Penguin Random House Grupo Editorial, S.A. de C.V.
Blvd. Miguel de Cervantes Saavedra núm. 301, 1er piso,
Colonia Granada, delegación Miguel Hidalgo, C.P. 11520,
México, D.F.

www.megustaleer.com.mx

Comentarios sobre la edición y el contenido de este libro a:
megustaleer@penguinrandomhouse.com

Queda rigurosamente prohibida, sin autorización escrita de los titulares del *copyright*, bajo las sanciones establecidas por las leyes, la reproducción total o parcial de esta obra por cualquier medio o procedimiento, comprendidos la reprografía, el tratamiento informático, así como la distribución de ejemplares de la misma mediante alquiler o préstamo públicos.

ISBN 978-607-312-268-9

Impreso en México / *Printed in Mexico*

Para Froylán Enciso

En un libro que trata de movimientos culturales que no han levantado monumento alguno, de movimientos que apenas dejan rastro […] hacer la vida interesante es el único patrón que, al juzgarlos, puede justificar las páginas que acabarán llenando.

Greil Marcus, *Rastros de carmín. Una historia secreta del siglo xx*

Pueblo que no se divierte es un pueblo enfermo. Pueblo que no asocia sus goces, que no se comunica la emoción del regocijo […] está en peligro de retrasarse y desaparecer.

Luis G. Urbina, "Una ciudad triste y un pueblo enfermo"

Prólogo

En el verano de 1981 mi padre me invitó a pasar unas semanas a Los Ángeles, pues quería que le ayudara a mover unas cajas con películas que estaban en un laboratorio de revelado. Había que llevar ese archivo, que contenía el material fílmico de toda su vida, a un pequeño cuarto de hotel, donde él lo revisaría en una moviola portátil. Iba a descartar lo que ya no sirviera o estuviera repetido y se quedaría con el mínimo indispensable para llevarlo a una bodega. Luis Osorno Barona fue camarógrafo, productor de cine y documentalista especializado en películas de promoción turística. Ese verano él tenía setenta y tres años y yo, el más chico de sus hijos, dieciocho: acababa de terminar la escuela preparatoria.

El laboratorio Color Reproduction Company estaba en Santa Mónica Boulevard, lo mismo que el hotel donde nos hospedamos. El traslado de las películas ocupó un par de días; luego mi padre se encerró en el cuarto a trabajar y me mandó a la calle para que paseara por Los Ángeles. Pero, ¿cómo iba realmente a conocer esa ciudad si no tenía coche? Me movía en camión, muchas veces andaba sin rumbo fijo y caminaba distancias bestiales, solo y aburrido, paseando entre edificios sin importancia y barrios de casas casi iguales en una ciudad descentralizada. Pronto descubrí que lo más interesante estaba alrededor del hotel y el laboratorio. A principios de los ochenta, Santa Mónica era el eje de la vida gay de Los Ángeles. No se conocía el sida, y los lugares donde brotaba la vida homosexual, los bares, las discotecas, los baños, los restaurantes, las tiendas, vivían una especie de edad de oro.

Yo era virgen y arrastraba una sexualidad confusa. De día, observaba con mucho cuidado las vitrinas de las *sex shops*, llenas de objetos que apenas entendía y revistas que no me atrevía a explorar por temor al lugar al que me llevarían. De noche, me dedicaba a mirar el movimiento en las calles. Como no podía entrar a los bares por ser menor de edad, me conformaba con el ir y venir de aquellos tipos en sus veinte, treinta años, la mayoría con sus cuerpos trabajados en el gimnasio. Estaba de moda un estilo que subrayaba la masculinidad de la gente gay: se usaban uniformes militares, ropa de cuero o jeans, camisas de cuadros y un bigote abundante. Era un estilo que había retratado el famoso ilustrador Tom of Finland y que retaba la idea popular de que los homosexuales eran afeminados; reflejaba una nueva era en la historia de la cultura gay, posterior a las protestas de Nueva York que dieron origen al movimiento de liberación homosexual.

Yo sentía que aquel aire de Santa Mónica Boulevard me corrompía, pero no podía dejar de respirarlo. Caminé mucho por esas calles, hasta que un día el dependiente de una tienda de ropa, un negro guapo que tenía colgado de la pared un póster de la cantante y modelo Grace Jones, comenzó a hacerme conversación y decidí dejarme seducir. Esa noche regresé al cuarto de hotel con la sensación de que mi viaje a Los Ángeles había terminado.

Se suponía que un chico como yo, egresado del Centro Universitario México, una escuela católica sólo para varones con prestigio académico, debía estudiar una carrera en la Universidad Nacional, la Iberoamericana o el Instituto Tecnológico Autónomo de México. Después de pasar doce años con los hermanos maristas, se suponía que debía encontrar una novia bonita en aquellas universidades, si es que no tenía ya una que estudiara en otra escuela católica, como el Instituto Miguel Ángel, el Sagrado Corazón o el Francés del Pedregal. En ese mundo no había homosexuales. A los chicos afeminados de la secundaria y la preparatoria, los compañeros de escuela los habían machacado con burlas y señalamientos. Los hermanos maristas tenían su cuota de religiosos extraños, como el Viejo López, el director del CUM, que mandaba llamar a los alumnos para sostener largas conversaciones sobre su actividad sexual, pero aquello tenía su ámbito propio y apartado.

El único homosexual que conocía era el profesor de piano de una prima. Ella hablaba abiertamente de las joterías del maestro, cosa que me intrigaba muchísimo, aunque hubiera sido ridículo y también muy arriesgado ir a su casa a la hora de la clase para hablar con el pianista y pedirle consejo o solidaridad o qué sé yo. Además, no era mi amigo y ni siquiera me caía bien. Tenía muchas preguntas y no se me ocurría a quién hacérselas; pensé que podía encontrar algunas respuestas en los libros. Una tarde fui a la librería Gandhi de Miguel Ángel de Quevedo, a ver qué me encontraba. Me topé, por ejemplo, con los informes del doctor Kinsey y sus explicaciones sobre la orientación sexual basadas en encuestas y estadísticas. Era un libro frío que no tenía ni una palabra sobre qué hacer con la vida de uno, cómo encarar al terrible homosexual que me acechaba. Finalmente decidí hablar con mis amigos cercanos de la preparatoria. Con algunos había establecido vínculos que parecían irrompibles y así probaron serlo durante muchos años. A cada uno le conté lo que había pasado en Los Ángeles. Casi todos fueron muy comprensivos y eso me hizo sentir mejor: uno de ellos, en particular, me presentó a un par de mujerzuelas, sólo por probar, como para estar seguro, pero resultó una pérdida de tiempo.

Durante aquellos meses me obsesionaba una pregunta: ¿había en la ciudad de México algo similar a Santa Mónica Boulevard? En todo caso, ¿dónde estaban los homosexuales o, más bien, dónde se escondían? Arrancaba de cero, o casi. Había escuchado decir que en la Zona Rosa se juntaban los maricones y hacia allá me dirigí para tratar de encontrarlos. El primer indicio del mundo gay de la ciudad de México lo vi en la esquina de Florencia y Reforma, frente al Sanborns del Ángel de la Independencia. No era muy difícil darse cuenta de que allí se paraban unos tipos muy afeminados. Me quedé por el rumbo para ver qué más pasaba. Iba a Sanborns, tomaba un café, caminaba por los pasillos, entre cámaras fotográficas y productos de belleza. Me paraba en las revistas, las hojeaba, luego salía de allí. Iba al edificio de al lado, el Hotel María Isabel, donde también había una librería con su sección de revistas, las miraba. Tantas vueltas di hasta que alguien me pidió que lo acompañara arriba. Resultó que "arriba" no era un cuarto del hotel, con vista a Reforma, como yo me imaginaba, sino los baños del segundo piso, adonde se iban a refugiar las parejas para engancharse en un sexo agitado, que tenían que interrumpir cuando alguien más entraba.

Así conocí a un tipo simpático que trabajaba en algo relacionado con zapatos: no le iba mal, porque tenía un Ford Mustang rojo del año. Paseábamos por Reforma, del Monumento de la Independencia hasta el Caballito, para dar vuelta a la izquierda por la calle que lleva al Monumento a la Revolución y detenernos en el Hotel Texas. La tercera vez que nos vimos me llevó a un Vips que estaba en la calle de Niza esquina con Reforma. Allí me preguntó si quería ser su novio. ¿Novio? Novio evocaba estas imágenes: él visitaba a mis padres, yo a los suyos, caminábamos por la calle tomados de la mano, tendríamos una relación decente, de cara a los demás. Imposible.

En la calle también conocí a Alfredo, un mexicano de origen libanés que llevaba una vida misteriosa. Decía que era oftalmólogo y que su sueño era tener un banco de córneas para trasplantes. Su consultorio estaba en el Centro, frente a la escuela de ciegos de Mixcalco, a un paso de La Merced. Pero no daba consulta; el sitio funcionaba más bien como una leonera donde recibía a sus novios, y así evitaba llevarlos adonde vivía, la casa de su familia en Polanco. Casi todos los amigos que frecuentaba Alfredo vivían en el Centro, en vecindades sucias y desvencijadas. Se reunían para escuchar música clásica, fumar mota o tomar ácidos. También visitábamos a otro amigo, que tenía un rango alto en el ejército mexicano, con quien Alfredo se iba a surtir de cocaína. Me invitaron varias veces a probarla, pero yo me negué, no sé por qué.

Un domingo el militar, que estaba con un muchacho de mi edad, nos invitó a Alfredo y a mí a su recámara para ver *Muerte en Venecia*. La cinta, basada en la célebre novela de Thomas Mann, narra la historia de un viejo escritor, Aschenbach, que está huyendo de su vida, sus amigos y su esposa. Se refugia en Venecia, donde se encuentra con el joven Tadzio, un aristócrata de origen polaco, hermoso como una mujer: Aschebach se enamora de él. La descripción de ese amor platónico ocupa buena parte de la película. Una epidemia de cólera azota Venecia: es la metáfora de la propia decadencia de Aschenbach. Finalmente, el escritor sufre un ataque al corazón en la playa. El sudor arrastra el tinte negro de su cabello y Aschenbach muere con la visión de Tadzio alejándose, iluminado por un resplandor y los acordes dramáticos de la *Quinta sinfonía* de Mahler. Alfredo y el militar estaban extáticos por la belleza andrógina de Tadzio y el abandono de Aschenbach. Yo me puse de muy mal humor: ¿era la muerte en Venecia lo que me esperaba al final de los días?

Después de más de un año sin asistir a la escuela y sin ninguna claridad sobre mi vida profesional, entré a estudiar comunicación a una institución pública, la Universidad Autónoma Metropolitana de Xochimilco. El segundo trimestre hubo una larguísima huelga y las clases se interrumpieron durante varios meses. En mi grupo estaba el hijo del titular de la delegación Cuauhtémoc, una de las divisiones territoriales del Distrito Federal que abarca una de las zonas más ricas y conflictivas de la ciudad. Se ofreció a conseguirnos trabajo a un par de amigos y a mí mientras duraba la huelga. Nos entrevistamos con el jefe de gobierno, quien nos mandó a la calle como inspectores de licencias, tal vez el lugar más corrupto de la delegación. Pero nunca nos hicieron partícipes de nada: simplemente nos dieron un breve entrenamiento, una lista de cosas que debíamos observar en los establecimientos y una libreta de multas. Pienso que era una estrategia del funcionario para mantener entretenidos a los amigos del hijo del delegado o, de plano, para desanimarlos y forzarlos a que renunciaran. Pero a Paco, uno de esos compañeros, y a mí, aquello nos pareció fascinante. Y así, sin que nadie me lo pidiera, iba por las calles con un alto sentido de mi trabajo, revisando licencias, levantando multas cuando así se requería, o rechazando coimas. Además, el trabajo nos permitía conocer la ciudad de México de una manera poco convencional. Era como tener un curso intensivo en los centros de vicio del Eje Central. Vimos sitios de todo tipo y nos sentamos con gánsteres que nos miraban con asombro o con risa. Luego nos comisionaron para revisar lugares en la Zona Rosa. Así fue como una tarde llegué a un bar en la calle de Londres, que estaba en el primer piso de un edificio de ladrillo. En el exterior había una placa donde se leía: "Bar El Nueve".

La primera vez que oí hablar de este sitio fue por una amiga, que lo mencionó como el mejor bar gay de la ciudad de México. Se supone que una noche íbamos a ir, pero aquella vez terminamos en un extraño intento por tener sexo. Mi amigo el libanés también lo había mencionado, pero juntos sólo fuimos a otro bar, el Famoso 41, que pertenecía a la misma liga de lugares sórdidos adonde le gustaba llegar drogado.

Aquella tarde, El Nueve era un lugar vacío y oscuro. Tenía dos cuartos: en uno había una barra circular que estaba iluminada por unas luces de neón, y en el otro, sólo unas delgadas barras paradas a la mitad del salón para que los clientes posaran los codos y los vasos. Recuerdo que todos los papeles estaban en regla y que, al terminar mi turno, me fui a casa de mis padres esperando ansioso a que llegara la noche para volver al bar. Sentí raro cuando el gerente me vio entrar de nuevo esa noche, no me cobró la entrada y me invitó las primeras copas. Él me seguía viendo como el inspector, pero yo estaba en tono de explorador nocturno. Tenía los ojos llenos de asombro, pues eso no era el mundo homosexual que yo conocía: vergonzante, clandestino o mugroso. No había ancianos que renunciaron a su vida y se morían por un efebo, sino personas que se veían bien y se divertían; tipos guapos, bien vestidos. No era la muerte en Venecia, sino la vida en la ciudad de México.

Aquella noche me ligué a un tipo encantador. Se llamaba Enrique Martínez, era de Culiacán, había vivido en París, diseñaba ropa. Trabajó cinco años en el taller de Hubert de Givenchy y acababa de llegar a la ciudad de México. Vestía el traje mejor cortado que había visto en mi vida. No iba de aristócrata, pero sí de esnob y cínico, y le pareció gracioso cuando le dije que yo estudiaba comunicación y trabajaba inspeccionado bares en la delegación. Me invitó a su casa. Salimos del bar y caminamos en profundo silencio hasta la calle de Lerma, en la vecina colonia Cuauhtémoc, donde había estacionado el coche, que tomé prestado de casa de mis padres. Desde entonces no se podía encontrar un lugar para estacionarse en la Zona Rosa. Luego supe que, mientras caminábamos, él pensaba que yo era una especie de policía judicial. De hecho, el encargado del bar, Henri Donnadieu, le dijo que yo había inspeccionado

El Nueve esa tarde, pero por alguna razón Enrique pensó que aquella noche valía la pena tomarse el riesgo de terminar madreado en una carretera, sin reloj, mancuernillas, cartera o dinero —un destino probable si te metías con un policía—.

Llegamos a su casa en la calle de Liverpool, en el extremo norte de la colonia Juárez. Aquello era un palacio, bueno, era una casa grande, moderna, pero estaba montada de una manera que sólo había visto en las revistas. Había jarrones de flores por todas partes, flores y libros, libros y ricos objetos de plata, plata y pinturas *naïves* del siglo XVII, pinturas y estofados coloniales, esculturas y mobiliario inspirado en el siglo XVI, candelabros venecianos, más libros al subir la escalera, un entrepiso donde había una biblioteca aún más amplia con esculturas y pinturas modernas, un piso más y una cama con cubierta de lino, más flores y un armario lleno de ropa.

Enrique vivía en esa casa con dos hombres: el diseñador Manuel Méndez, de mediana edad, y un italiano que tenía casi la edad de mi padre, Mario Marghieri. Vivían como una familia y tenían unos lazos poco comunes. El origen de esa comunidad estaba en el periodo de entreguerras, en Europa. Mario, florentino, tenía dos grandes amigos, Atkim, austriaco, y Jack, inglés. Los tres desarrollaron una especie de confraternidad que se mantenía gracias a las fortunas personales de Jack y Atkim, que eran aristócratas de buena posición. Su vida pasaba por las principales casas de ópera de Europa, los centros vacacionales del momento, las fiestas más divertidas y arriesgadas. Juntaban un gusto delicado con aventuras sexuales descarnadas. La guerra los había atrapado a la mitad de su fiesta. Jack fue el primero en escapar de Europa. Se embarcó como pudo hacia las Honduras Británicas, hoy Belice. Atkim y Mario lo alcanzaron después. Desde allí emprenderían el viaje hacia Estados Unidos, pero en el camino se encontraron con una ciudad que les pareció encantadora.

La ciudad de México era un buen lugar para esperar el fin de la guerra. Rentaron suites en el Hotel Montejo de Paseo de la Reforma y desde allí se pusieron a buscar dónde sentar sus reales. Descartaron Polanco y las Lomas de Chapultepec porque el recargado estilo neomexicano de algunas mansiones ofendió su sensibilidad. En cambio, encontraron una casa de fin de semana en Cuernavaca. Asimilaron el estilo de las haciendas mexicanas y se dedicaron a comprar fuentes del siglo XVIII en Oaxaca, columnas de cantera en Zacatecas y piezas prehispánicas en todo el territorio nacional. A Atkim le dio por la ebanistería y diseñó muebles de estilo mexicano de gran calidad. Luego le dio por la platería e hizo fabulosas piezas para el servicio de la casa. Los fines de semana, los tres europeos, que habían sido amantes entre sí, regresaban a la ciudad de México a sus cuartos de hotel y cada uno expandía sus conquistas americanas. Mario conoció a Manuel Méndez en los años cincuenta y entre los dos pusieron una de las casas de moda más respetadas por la alta sociedad mexicana. Murieron Jack y Atkim, pero apareció Enrique, que había estudiado en la escuela normal en Culiacán y era maestro rural cuando decidió que iba a ser más feliz si emigraba a la ciudad de México para probar suerte en el mundo de la moda. Así fue como llegó con sus dibujos de mujeres con vestidos a pedir trabajo al taller de Manuel Méndez, donde Mario le echó el ojo.

Después de mi primera noche en esa casa de la colonia Juárez, Enrique me invitó a salir varias veces (En una de ellas, Paquita, la dueña del Champs Élysées, el restaurante francés sobre Paseo de la Reforma que era el centro de reunión de la clase alta y los políticos mexicanos en la década de los ochenta, se acercó a la mesa donde estábamos Enrique y yo y dijo, señalándome: "A este joven yo lo conozco. Nos vino a levantar un acta hace una semana porque no teníamos el menú en la puerta de entrada".) Cuando me consideró listo, Enrique me invitó a comer a su casa en Liverpool 21. Ahí conocí a Mario que, como dije, era el patriarca de setenta años, y a Manuel, el cincuentón más amable y fino de México. Él llevaba una relación con un abogado de unos bigotes prominentes, profesor universitario, que a su vez tenía una esposa, y entre los tres habían organizado otra rama de esa familia. Mario había desmantelado la casa de Cuernavaca, vendió muchos de los muebles de Atkim, pero conservó otros en Liverpool, como la mesa de comedor. Se quejaba de cómo la violenta devaluación de 1982 y la inflación que le siguió estaban esfumando sus ahorros, pero en ese lugar el lujo seguía siendo la moneda corriente. Había estado en casas donde la comida era un rito familiar; en ninguna donde se sirvieran martinis como aperitivo, el servicio diario fuera de plata y marfil, las copas de bohemia, las vajillas de Puebla, los candelabros de Venecia y las jarras de Francia. Sin embargo, el ambiente no era opresivo, sino un puro gozar, un contento por estar vivos, como si todos vivieran en una canción de Cole Porter, alegre, elegante e inteligente.

Siempre he pensado que fue El Nueve el que me abrió esa puerta. Durante años también me llevó a otros rumbos. Aquí vi por primera vez películas como *Querelle de Brest* de Werner Fassbinder, basada en un relato de Jean Genet, o *Conducta impropia* de Néstor Almendros, el documental sobre la situación de los homosexuales en Cuba, que no aparecían en las salas comerciales. Aquí escuché por primera vez a Nina Hagen de *NunSexMonkRock* y su mezcla de punk y ópera; aquí hubo discusiones sobre el recién descubierto síndrome de inmunodeficiencia adquirida; aquí vi de reojo a Alaska, a Carlos Monsiváis, a Manuel Puig, a Severo Sarduy y a Mar Castro la Chiquitibum, actriz asidua al bar que se convirtió en una potente pero efímera celebridad cuando apareció moviendo las tetas en el comercial de la cerveza Carta Blanca del Mundial de Futbol México 1986.

En aquella época, Henri Donnadieu decidió abrir las noches de los jueves al rock en vivo y tras las bandas nacionales entró un público enteramente nuevo: mi generación, los chicos de la clase media de la ciudad de México, que hizo de El Nueve un espacio de experimentación artística y sexual (también heterosexual). El Nueve se agregó a una pequeña explosión de cultura joven que el país y la ciudad no experimentaban desde 1968. Después de Tlatelolco y el concierto de rock de Avándaro, cuyos pequeños excesos conmocionaron a una opinión pública pacata, la cultura de los jóvenes en el país había pasado por un invierno autoritario. Algunos chicos se fueron a las guerrillas urbanas, otros a escuchar rock a escondidas en lugares clandestinos, y los demás, a las peñas a cantar canciones latinoamericanas de protesta. Los conciertos, las grandes concentraciones públicas, estaban prohibidos. Las discotecas, que en sus inicios en Nueva York tenían una raíz colectiva, pues eran centros para admirar luces y escuchar las mezclas de música, llegaron a México en su versión clasista.

Entrados los ochenta, sin embargo, las prohibiciones comenzaron a diluirse. Nació Rock 101, la primera estación dedicada completamente al rock. Cuando la ciudad de México celebró el Mundial, ya habían aparecido varios sitios para escuchar música en vivo, como Rockotitlán. Durante estos años, El Nueve montó en su caballo al público joven, que se añadió al público gay, así como a los travestis y a otros habitantes de la vida nocturna de la ciudad. Y esta pluralidad fue lo que distinguió a ese pequeño bar de la Zona Rosa de los demás.

Henri Donnadieu y sus socios en El Nueve comenzaron a maquinar un proyecto grande: la construcción de una discoteca más lujosa y extravagante, que tendría un espacio de teatro y conciertos. Compraron un terreno en la calle de Varsovia y levantaron un edificio de tres pisos que se inauguró en septiembre de 1989 con cuatro mil personas que aplaudieron al grupo de rock del momento, Maldita Vecindad. Entre muchas otras cosas, aquel proyecto significaba una especie de gran salida del clóset de la cultura y la vida nocturna de la ciudad de México. Pero después de un par de noches, las autoridades cerraron el Metal y luego se fueron contra El Nueve. Nosotros regresamos a otros bares gays, ahora mucho más abiertos y establecidos; todos los demás encontraron sus espacios y sus propios mundos nocturnos, y luego nos olvidamos del asunto.

A finales de 2004 estaba leyendo un texto para publicarlo en *DF*, la revista de la ciudad de México que entonces dirigía, cuando me encontré con una mención a Henri Donnadieu. Charlie Cordero, el entrevistado, recordaba El Nueve como un sitio plural y se quejaba de la fragmentación de la ciudad y su falta de imaginación nocturna. Por medio de Charlie me puse en comunicación con Henri, al que yo creía muerto o fuera del país. Lo encontré en un restaurante de pocas mesas de aluminio en la Unidad Cultural del Bosque, detrás del Auditorio Nacional, junto a una librería del Consejo de las Artes. El restaurante, que estaba frente al estacionamiento del teatro Julio Castillo, servía un menú de comida corrida, principalmente a la gente de teatro y danza que trabajaba por ahí.

Henri no se acordaba de mí, y no tenía por qué, pues nunca fui el más asiduo ni el más cercano a El Nueve, sino un parroquiano más que guardaba un recuerdo cariñoso. Él se veía cansado, sobre todo porque había perdido algunos dientes después de un violento secuestro. Uno lo miraba lidiar con una vida más chica. El restaurante no tenía proveedores. Era el propio Henri quien iba al supermercado y llegaba con el taxi lleno de bolsas de plástico. Decidimos reunirnos los miércoles por la mañana para que me narrara sus aventuras en El Nueve. Allí me di cuenta de que el asunto era mucho más divertido y complejo de lo que yo me imaginaba; comenzaba muchos años antes de lo que yo sabía e involucraba a muchas personas que, como Henri, tenían gran espíritu aventurero y era un pedazo interesante de la vida de la ciudad de México.

Con el tiempo, me he dado cuenta de que las aventuras de Henri Donnadieu y el bar El Nueve son como el lado B de la historia oficial, pues se entrecruzan con las peripecias de un país que entró en un periodo de cambios. Los quince años de vida del bar, de 1974 a 1989, coinciden con el último suspiro del llamado milagro mexicano y el inicio de una época de transformaciones convulsas, la decadencia del PRI, el partido en el poder que comienza a mostrarse viejo por los embates de su propia corrupción, las devaluaciones, la inflación y el despertar de la sociedad civil.

En mayo de 1985, Octavio Paz publicó en la revista *Vuelta* un influyente ensayo llamado "Hora cumplida (1929-1985)", en el que decía que el programa original de la Revolución mexicana de 1910 era convertir al país en una auténtica democracia, pero que en su lugar había quedado un sistema político dominado por un partido. Este partido, el PRI, fue una solución de compromiso. Le había quitado el poder a los caudillos de la Revolución para transferirlo a una institución única que cooptaba tanto a los líderes campesinos, obreros y populares, como a los empresarios y, en buena medida, a los intelectuales, la prensa y la burocracia.

Según Paz, la hora había llegado para México. Si bien el problema más urgente por resolver era el financiero, había otros asuntos de más largo plazo, como la educación y la desigualdad. La democracia no iba a resolver los asuntos por sí misma, pero sería el método ideal para discutirlos. La Revolución de 1910 había comenzado como una inmensa aspiración democrática. Era hora de que el PRI cumpliera con este anhelo.

Obviamente, no lo hizo. Las elecciones de 1988, que llevaron al poder a Carlos Salinas de Gortari, fueron unas de las más fraudulentas de las que se tiene memoria. Mientras Salinas perseguía metódicamente a las fuerzas de izquierda, que casi le arrebataron la presidencia, privatizó las empresas estatales y abrió la economía de México al mundo, iniciando una nueva etapa en la vida política y social del país.

Si uno presiona a Henri a que juzgue las aportaciones de El Nueve, él asegura que, muy a su manera, entre gays, travestis, alcohol, drogas y rock, el bar contribuyó a la democratización de la cultura y las costumbres del país; lo hizo más plural, más tolerante.

Y yo añadiría, más interesante.

Capítulo uno

A mediados de los años setenta, la ciudad de México tenía una esfera de diversión y entretenimiento bien iluminada. Era un mundo refinado y rico en un país que tuvo treinta años de crecimiento sin interrupciones, sin inflación y sin saltos en el tipo de cambio. En ese universo habitaba una clase alta compuesta por los nietos de algunas familias del antiguo régimen que conservaron parte de lo que tenían a pesar de las turbulencias de la Revolución mexicana, y también estaban los nuevos ricos nacidos de esa Revolución: empresarios que en complicidad con los políticos crearon fabulosas riquezas. Buena parte de esa clase alta vivía en un país menos rural, en una ciudad más cosmopolita. El área de la ciudad que satisfacía los gustos más refinados estaba cercada por dos de las avenidas más importantes: Insurgentes y Reforma. Fue una urbanización del siglo XIX cuyas calles llevaban nombres de ciudades europeas y donde se asentaron mansiones de estilo ecléctico que a mediados del siglo XX comenzaron a transformarse en oficinas, cafeterías, boutiques, galerías y restaurantes. Nadie sabe bien cómo adquirió su nombre la Zona Rosa. Algunos afirman que el autor es Agustín Barrios Gómez, cronista y responsable de la columna de sociales "Ensalada Popoff"; otros, que lo acuñó el pintor José Luis Cuevas, gran animador de la vida cultural de la zona, pero el caso es que ese nombre logró notoriedad turística después de los Juegos Olímpicos de 1968 y el Mundial de Futbol de 1970.

El miércoles 8 de mayo de 1974, un nuevo restaurante italiano abrió para contribuir al tono refinado del rumbo. Se llamaba Le Neuf y estaba en la calle de Londres número 156. La crónica de las páginas de sociales, escrita para el *Novedades* por Nicolás Sánchez-Osorio, se titulaba "Ni parece restaurante el de Giuliano Guirini". Cerca de mil personas asistieron a la inauguración de ese sitio, junto al mercado de artesanías de la Zona Rosa, en el primer piso de un edificio que pertenecía a Ricardo Diener, un prestigioso joyero que instaló su tienda en la planta baja del mismo predio. El lugar estaba decorado poe el arquitecto Jorge Loyzaga, inspirado en las casas venecianas, pero en realidad muchas de las ideas eran de Giuliano Guirini, el creador del restaurante. Asistieron a la inauguración los italianos más refinados de la colonia, como la señora Gisella de Marras, esposa del embajador; la baronesa Franca Rosset Desandre o la condesa Elita Boari Dandini, descendiente de Adamo Boari, arquitecto del Palacio de Bellas Artes de la ciudad de México. Estuvieron las hijas de la Revolución mexicana, como Alicia Almada, nieta del ex presidente Plutarco Elías Calles, y asistió también la vieja aristocracia local: llegaron el *playboy* Enrique Corcuera y su hermosa esposa, la ex Señorita Argentina, Viviana Corcuera, así como Juan Sánchez Navarro, líder empresarial.

Le Neuf fue adoptado instantáneamente por la *gente bien* de la ciudad y se convirtió en un escaparate para el lucimiento de Giuliano, el guapo anfitrión de modales deslumbrantes. Sánchez-Osorio siguió haciendo la crónica de cómo Le Neuf fue el lugar donde el *Tout-Mexico* daba cenas íntimas en su salón rojo. Una de las más reseñadas fue la que ofreció el Instituto Mexicano de la Moda para el diseñador francés Pierre Cardin, que estuvo sentado junto a la condesa Boari Dandini. Según la crónica, Cardin, nacido en Italia de padres franceses, reconoció que el salón era "completamente veneciano". Comieron *pâte* a la *marquise*, *risotto* a la *champagne*, pollo a la crema con champiñones frescos, berenjenas venecianas al horno, lomo de puerco con salsa de espinacas y strudel de manzana.

Giuliano encandilaba a la sociedad mexicana. La revista *Claudia*, una de las mejores publicaciones del momento, que dictaba la moda y reunía a algunas de las plumas más importantes de la época, dedicó en septiembre de 1974 uno de sus artículos, "A la conquista del hombre soltero", para mostrar la colección Lanalook, una propuesta que el Secretariado Internacional de la Lana había encargado a los principales diseñadores mexicanos. El punto era enseñar en los salones de Le Neuf a bellas modelos con sus atuendos rodeando a cuatro solteros, entre quienes estaba el mismo Giuliano. La revista lo describía como un apasionado de los viajes y del bridge, y dinámico propietario de Le Neuf, cuyos salones decoró él mismo. *Claudia* decía que Giuliano se había graduado en ciencias políticas en Italia y durante algún tiempo había sido diplomático, pero que ahora se dedicaba de tiempo completo a su restaurante. "Cada semana cambia el menú, introduciendo, para deleite de sus *habitués*, novedosos platillos que son secretos de familia desde hace muchas generaciones", decía la revista. En una de aquellas fotos aparecía Giuliano sentado en un sofá morado de Le Neuf; en una mano sostenía un puro, la otra estaba sujeta de la mano de una modelo, vestía con un blazer azul, una camisa de rayas blancas y azules, una corbata roja de puntos blancos con un grueso nudo, un chaleco y un pantalón blancos. Tenía el pelo rubio, la nariz recta y la barba partida; su cabellera era abundante, con el pelo ondulado y las patillas largas, a la altura de los labios. Otras fotos del reportaje lo muestran con la misma combinación de blazer azul y pantalones blancos, otras camisas, otras corbatas, un cigarro con boquilla negra, buen mozo. Las fotos también dejaban ver cómo era el restaurante: unas muestran un salón con largas cortinas rojas, el salón de caza;

otras, una chimenea de piedra, y en otras se puede apreciar un cuadro de Xavier Esqueda, un pintor de moda.

En estas fotos también aparece Manuel Fernández, otro soltero, de treinta y tres años, que era el gerente administrativo de Le Neuf. El artículo describe a Manolo como una persona dedicada de tiempo completo al restaurante, pues tiene que vigilar hasta los mínimos detalles. "No piensa en casarse pronto ya que considera que el matrimonio debe ser una institución perdurable y hay que tener muy bien racionalizado lo que se va a hacer. Su tipo de mujer es morena, alta, de ojos oscuros... liberada y, por supuesto, sin prejuicios", decía *Claudia*. La publicación enmascaraba una verdad que sólo conocían los más íntimos: Giuliano y Manolo eran amantes.

Nadie sabe bien cómo llegó Giuliano a México, ni cuáles eran sus verdaderos orígenes, pero muchos lo recuerdan como un oportunista poco cultivado, un trepador que supo darse un barniz de gran anfitrión. Fue amante del actor Noé Murayama y luego de Ignacio Orendáin, un hombre alto, distinguido; un sastre de buena familia jalisciense con un taller en la calle de Hamburgo. De acuerdo con Eugenia Rendón de Olazabal, sobrina de Orendáin, Nacho era un hombre generoso, noble y refinado. Le encantaban los muebles antiguos y hacía copias perfectas. Su vida estaba regida por los numerosos códigos de identidad de la clase alta mexicana, como el ancho de los cuellos o la manera de doblar las mangas de la camisa, poner la mesa o recibir invitados en casa.

Quienes los conocieron dicen que la relación entre Giuliano y Nacho era tortuosa, difícil; evidentemente Giuliano, un muchacho guapo, usaba las relaciones de Nacho para colocarse en sociedad. Pero la ruptura fue aún más tormentosa que la relación, por lo menos para Nacho, quien se encerró en su casa de la colonia Juárez a beber. Así lo expresa una nota de la revista *Contenido*, con el título sensacionalista y fuera de tono: " 'Yo fui teporocho', confiesa sin miedo Nacho Orendáin". La reportera escribió que a principios de los setenta, Nacho era uno de los personajes más buscados de la alta sociedad: las fiestas que hacía dos veces al año para presentar sus colecciones de ropa para hombre acaparaban la atención de todo el mundo y las cenas que daba en su casa del Paseo de la Reforma eran de lo más solicitadas. Pero un día Nacho desapareció, vendió su casa y dejó caer la boutique. "En 1973 [unos meses antes de la apertura de Le Neuf], tuve grandes problemas emocionales y económicos —confesaba Orendáin a *Contenido*—. El negocio se fue a pique porque me falló una persona en la que había depositado toda mi confianza y, casi sin sentido, poco a poco, me refugié en el alcohol." Nacho decía que debió acudir a Alcohólicos Anónimos, pero ya había dejado de beber: "Tengo cuarenta y seis años, estoy quebrado y debo cerca de ochocientos mil pesos, que voy pagando poco a poco, pero tengo el firme propósito de rehacerme".

Giuliano dejó a Nacho por Manuel Fernández Cabrera, mejor conocido como Manolo, un chico guapo, metido en sociedad, originario de Tampico, que vivía con una tía rica en la colonia Nápoles. Manolo era hijo de Nicanor Fernández, un asturiano que llegó a Tampico a principios del siglo xx y, como muchos otros españoles, se dedicó a los abarrotes. Con el tiempo este negocio se convirtió en uno de los primeros supermercados de la zona —los hermanos Arango, creadores de Vips y Aurrerá, trabajaron con él—. A los treinta y tres años, cuando ya era un empresario prominente, Nicanor se casó con Rosa Elena, una chica de diecisiete años, nacida en Guadalajara pero educada en Celaya. Tuvieron cinco hijos: cuatro hombres y una mujer. Manolo fue el de en medio y el primero en salir de su casa. Se mudó a la ciudad de México muy pronto, pues padecía una enfermedad de la piel y los doctores recomendaron el clima más seco del altiplano, aunque es probable que la madre también hubiera querido alejar al chico de la crueldad del colegio de provincias Félix de Jesús Rougier, de las monjas del Sagrado Corazón, porque era un niño gordo y delicado. Manolo llegó a la ciudad de México cuando era adolescente a estudiar en el Colegio Tepeyac y a vivir con su tía Martha Cabrera, hermana de su madre, una señora que se casó ya entrada en años con Tobías Ruiz de Velazco, un revolucionario que peleó en las filas de Emiliano Zapata y fue dueño de una considerable fortuna inmobiliaria en la ciudad de México. Como la pareja no tuvo hijos, adoptaron a Manolito, lo llenaron de cariño y lo mimaron hasta el cansancio. A base de dietas y ejercicio, Manolo logró la figura esbelta que lo acompañó toda su vida; también con mucho esfuerzo logró terminar la carrera de contaduría en la Universidad Nacional, a los diez años de haberla comenzado. Era de los niños adinerados del colegio, el que conducía el auto último modelo y llevaba una vida disipada. Por esos años, Manolo conoció a un italiano muy rico, socio de Bruno Pagliai, empresario prominente, director de Tubos de Acero de México, cuyo nombre tendré que omitir a petición suya: lo llamaré el Papa. Bien, el Papa y Manolo mantuvieron una relación que trascendió a todos los amantes de este último; fue el gran patrocinador, prestamista, inversionista y, en buena medida, instigador de las empresas de su protegido; era como si hubiera querido vivir vicariamente una vida gay que a él le estaba vedada por su posición social.

Giuliano había tenido un restaurante en Italia y quería poner otro en México. Convenció a Manolo de pedirle dinero al Papa, quien aceptó. Así nació Le Neuf, el restaurante que tuvo su apertura deslumbrante, su recepción a Cardin y sus cocteles para otras celebridades, pero que un año después estaba cerrado. De nuevo, las columnas de sociales dieron cuenta del hecho. Una de ellas, firmada el 24 de julio de 1975, señalaba que aquel restaurante donde había que reservar con varios días de anticipación, ya estaba a la venta. Giuliano cambiaba los espaguetis por un enfrentamiento profesional con el actor de Hollywood, Omar Sharif, en el campeonato mundial de bridge, cuya sede era México. Meses más tarde, Nicolás Sánchez-Osorio hizo la crónica de la despedida de Giuliano de México en el restaurante Rívoli. La nota decía que Guiliano pensaba viajar a Europa vía Nueva York para quedarse un tiempo en Marruecos. La reputación del restaurante había decaído estrepitosamente. Un comensal de aquellos tiempos contó que Giuliano estaba más interesado en demostrar su posición social que en atender a su clientela. Sin ser invitado, se sentaba en las mesas para presumir los viñedos familiares o los títulos nobiliarios: el restaurante era pequeño y la presencia de su anfitrión, desbordada. Más interesado en jugar bridge, desantendió la cocina y el servicio, y un día también terminó abruptamente su relación con Manolo. El Papa le pidió a Manolo que encontrara una solución al negocio, pues seguían pagando la renta. Fue así como Manolo se encontró con Óscar Calatayud, Guillermo Ocaña y Henri Donnadieu, quienes decidieron abrir un bar gay en el lugar donde estuvo el restaurante.

A mediados de los años setenta, la idea de invertir un capital con el fin de abrir un sitio dedicado a dar de beber y divertir a personas con una preferencia sexual condenada, era más bien intrépida. Lo normal era que los homosexuales se reunieran en sitios clandestinos, alejados de la mirada del público. Aunque en México las leyes no proscribían la homosexualidad, como en los países anglosajones, los homosexuales no sólo fueron objeto de burlas y condenas morales durante el siglo XX, sino también de asesinatos y, muy frecuentemente, de detenciones y extorsiones policiacas.

El primero de estos escándalos fue la redada del 20 de noviembre de 1901 en un baile de homosexuales de clase alta, en la calle de la Paz. Se le dio el nombre del "Baile de los 41" por el número de detenidos: 22 vestidos de hombre y 19 vestidos de mujer. También se especuló que pudieron haber sido 42, pero que a uno de ellos la policía lo dejó escapar porque se trataba de Ignacio de la Torre, yerno del ex presidente Porfirio Díaz. Aunque muchos eran miembros de familias notables, como De la Torre, las autoridades enviaron a un buen número de ellos a Yucatán para realizar trabajos forzados; sólo unos cuantos pudieron comprar su libertad. Los periódicos de la época se cebaron en el asunto, que quedó inmortalizado en la caricatura de José Guadalupe Posada: los muestra a mitad de un alegre baile, algunos de frac, otros con vestidos amplios y vello facial. Abajo se lee: "Aquí están los maricones, muy chulos y coquetones".

Las autoridades también levantaban gente de la calle, y la prensa popular, como el *Universal Gráfico* y *Alarma!*, continuaba haciendo notas escandalosas con títulos llamativos. En medio, había estallado la Revolución mexicana. De acuerdo con Carlos Monsiváis en sus apuntes sobre la historia de la homosexualidad, "Los gays en México: la fundación, la ampliación y consolidación del *ghetto*", el movimiento armado significó lo mismo un estallido de energía social contra las nociones de decencia católica y porfiriana, que la entronización del culto al machismo, que tuvo como una de sus consecuencias, "no la más relevante, tampoco la menos dañina, la persecución regocijada de lo diferente".

Con el paso del tiempo, la sociedad y la opinión pública fueron aceptando distraídamente la existencia de los gays, aunque no cesaron los desprecios ni los escándalos, dice Carlos Monsiváis. A los gays de medio siglo, que Monsiváis llama "homosexuales de segunda generación", les tocó una ciudad de México donde ya había lugares más o menos establecidos. Uno de los primeros fue el Madreselva, que existía desde 1949, donde los homosexuales todavía mostraban un pudoroso comportamiento, apenas violado por las manos entrelazadas debajo de las mesas. En 1951 abrió Los Eloínes, de Daniel Mont, el patrocinador del Museo Experimental el Eco, que construyó ese mismo año el arquitecto Mathias Goeritz en la calle de Sullivan. A Los Eloínes llegaban los homosexuales de buena sociedad después de ir a un concierto o a cenar en el restaurante de moda, y se mezclaban con los pelados: todos bailaban al ritmo de un conjunto cubano y al amparo de un mural de Carlos Mérida. A un costado de la Plaza de Garibaldi estaba Las Adelas, donde se reunían homosexuales, travestis, turistas y borrachos de toda índole. Luego, en la mañana, el bar se transformaba en lechería, que surtía a las familias del centro de la ciudad. También existió L'Étui (El Estuche), que quedaba en la Zona Rosa, donde Chucho, uno de los meseros, hacía el papel de periódico de la vida gay, pasaba recados y anunciaba las efemérides de la comunidad. A la muerte de Daniel Mont, el Eco se convirtió en cabaret y en un restaurante en cuya barra se concentraba la gente de ambiente. Lo mismo sucedió unos años después con el elegante Belvedere del Hotel Continental, en el cruce de Reforma e Insurgentes. Los homosexuales, de traje y corbata, se apiñaban en la barra, mientras el resto de los comensales cenaban, veían el espectáculo y hacían como si no pasara nada. Hay que decir que durante todos estos años se siguió ligando en La Alameda, en la calle de San Juan de Letrán, en los cines, en los baños y, por qué no, cerca de los cuarteles militares.

A mediados de los años setenta se podía vivir las veinticuatro horas en algún sitio para el ligue. Este descubrimiento es de Adonis García, el protagonista de la novela fundacional de la literatura gay en México, *El vampiro de la colonia Roma*, de Luis Zapata. A pesar de que el manuscrito ganó un concurso de novela, tuvo problemas para ver la luz por su contenido explosivo. Adonis es el primer personaje gay no vergonzante de la literatura mexicana. *El vampiro* está construido sobre el monólogo de un *chichifo*, un prostituto, que habla frente a la supuesta presencia de una grabadora. Hace contemporánea la tradición de la novela picaresca y por eso el personaje recorre varios estratos de la sociedad.

En cierto punto, Adonis dice que la ciudad de México le parece la más *cachonda* del mundo. En la mañana se ligaba en el metro Insurgentes o en las tiendas de discos. También se ligaba en los baños del Puerto de Liverpool o en los baños públicos, como los Finisterre o los Ecuador. En las tardes, la Zona Rosa era el lugar de recreo.

Había un pasaje comercial donde estaban varios restaurantes de moda con mesas al aire libre. Se entraba por la calle de Génova o Londres. A mitad del pasaje estaba un restaurante llamado Toulouse-Lautrec. Allí se sentaba la gente a ver pasar a los transeúntes. También circulaban por ahí los tips para la fiesta de esa noche. Los organizadores generalmente eran gente mayor a quienes les hacía ilusión el desfile de muchachos. Uno de ellos se llamaba Manuel Dueñas y tenía un departamento en la unidad habitacional Tlatelolco, específicamente dedicado a esos eventos. Los *niños bien* se reunían todos los jueves en el departamento de otro de esos señores, Rafael del Pino, que tenía un *open house* en un apartamento mínimo de la calle Oslo.

Había dos zonas de ligue descarado. La primera estaba en los límites de la colonia Condesa, en el cruce de la avenida Insurgentes y Aguascalientes. Se le llamaba "la esquina mágica", pero en realidad era una cuadra entera donde gente con automóvil daba vueltas y ligaba a gente que iba a pie o a los de otro coche hasta altas horas de la madrugada. La segunda era la esquina de la avenida Reforma y Río Tíber. Allí existe una cafetería Sanborns que durante décadas fue un lugar donde se paseaban los *chichifos* y donde todo el mundo iba a ligar. La gente tenía que hacer fila para entrar a las cabinas de los escusados. Alguien había hecho unos hoyos en las paredes de aquellos gabinetes, de manera que la gente podía sentarse en uno y mirar por el hueco a la persona en el otro. También estaban los baños en el segundo piso del Hotel María Isabel.

La primera cantina en salir del clóset, como dice Juan Carlos Bautista en su *Historia mínima de la noche,* fue el Lhardy. Homónimo del venerable restaurante madrileño, pero sin nada de su prosapia, a ese Lhardy también se le conocía como el Villamar. Estaba en el sótano de un edificio cercano al parque de la Alameda y había que descender unas escaleras para entrar a la cantina, que se anunciaba como "salón para familias", pero tenía apariencia de lugar de mala muerte, como muchas otras cantinas. Esta apariencia normal era el pretexto para que ciertos hombres que no estaban seguros de sus deseos experimentaran sin remordimiento el ligue con homosexuales declarados y travestis. En medio de esta tensión aderezada con muchas cervezas y mariachis, se rifaban pollos rostizados que llenaban de grasa las manos lúbricas de los comensales.

Con todo, los setenta también son recordados por los levantamientos. Se decía que había que llevar dinero para la entrada al bar y para la salida, pues afuera esperaban policías que, argumentando que se estaban prostituyendo, levantaban a las personas que tuvieran aspecto gay. Si el detenido llevaba dinero, daba una "mordida"; pero si no, le exigían una fianza de un mes de salario mínimo (cinco mil pesos de aquellos tiempos), o echar de cabeza a algún otro amigo, y si nada de esto sucedía, entonces lo encerraban por varios días. También la policía solía extorsionar a los homosexuales por medio de redadas en los bares, levantando a decenas de parroquianos para presentarlos ante el ministerio público. Las autoridades realizaban las razias argumentando que en esos bares se fomentaba la prostitución, no se respetaba el horario o se trastocaba el orden público. Luego de una de estas batidas, la policía convocaba a los fotógrafos de prensa amarilla para tomar placas de los detenidos en poses denigrantes, como en los tiempos de Guadalupe Posada. Si alguien se negaba a ser retratado, entonces lo golpeaban y lo obligaban de cualquier manera a salir en la foto.

Un empresario, Óscar Calatayud, sabía cómo sortear este orden de cosas: la clave para sobrevivir a las constantes razias y a los cierres era la movilidad. En realidad no necesitaba un lugar fijo, podía alquilar cualquier sitio que ya estuviera más o menos puesto y llenarlo con su lista de clientes asiduos. Calatayud contaba además con el apoyo de un agente dentro de la policía, su amigo Guillermo Saad, que le daba cierta protección. Había tenido un bar llamado Piccolo Mondo, en la colonia Juárez, y luego abrió otro en la calle de Mariano Escobedo, llamado Charada. Cerrado el Charada, localizó la azotea de un edificio de oficinas en la calle de Manzanillo, en la colonia Roma, y abrió otro bar llamado Penthouse. Éste era un lugar en cierto modo peligroso, porque se llegaba hasta él por un estrecho elevador y no había escaleras de emergencia. Los inquilinos de las oficinas se quejaban porque veían salir del elevador a homosexuales y vestidas que se habían quedado de fiesta toda la noche. El Penthouse terminó, como los demás, en una redada que les cayó a las seis de la mañana.

Calatayud localizó un nuevo local en la calle de Baja California, muy cerca de la esquina mágica de Aguascalientes e Insurgentes. Estaba en la planta baja de un edificio y había sido una cafetería que se llamaba D'Val. Investigó a quién pertenecía hasta que dio con la dueña, Martha Valedespino, una morena que se pintaba el pelo rubio, y lo convirtió en un sitio que recogió el prestigio del Penthouse. Calatayud incluyó en el D'Val un espectáculo travesti que tenía cierta calidad en su producción, ya que le gustaba pensar en Las Vegas. Por eso, el bar lo mismo recibía con fanfarrias a Xóchitl, la poderosa reina de los travestis de la ciudad, muy amiga de los anfitriones, que a la

Isha, la Samantha, la Marlo y la Pili; a los homosexuales que lo seguían desde el Piccolo Mondo y el Penthouse, y a las artistas del momento, como la guapa actriz de Sonora, Isela Vega, a quien de repente le daba por dar el show, quitarse la blusa y enseñar las tetas, haciendo eco a su fama de *encueratriz* del cine nacional. Como los desnudos en el cine de la Vega, los llenos del D'Val eran totales. El sitio tenía capacidad para trescientas personas, pero hubo noches en que lo llenaron novecientas, y el dinero comenzó a correr a los bolsillos de todos los socios, e incluso a la cabeza: un comensal recuerda a la señora Valdespino meterse los fajos de billetes entre la peluca.

Una de aquellas noches llegó al D'Val Manolo Fernández acompañado de varios amigos, incluido Henri Donnadieu, un francés recién llegado a México, que era su nuevo amante. Todos ellos pertenecían al grupo que Guillermo Ocaña, uno de los socios de Calatayud —y de las pocas fuentes disponibles para contar sobre estos inicios—, llamaba "Las Intocables" por su prominente posición social. Hoy Ocaña es un personaje complejo. Fue actor de fotonovelas y reina de la belleza travesti. Se dio a conocer como Camelia la Texana, tuvo un bar y se convirtió en representante de artistas. Cuando lo vi por primera vez, acababa de enfrentar una acusación del gobierno español por presunto lavado de dinero. A mí me recibió muy quitado de la pena, recién salido de una operación, en un amplio departamento nuevo de la calle Horacio, en la mejor zona de Polanco. Según la revista *Proceso*: "Las autoridades habían intervenido decenas de llamadas telefónicas y realizado investigaciones sobre el entorno financiero del grupo de Ocaña, así como dado seguimiento al promotor mexicano; la policía sabía además que Ocaña manejaba veintiséis sociedades mercantiles para el lavado de dinero desde España". Ocaña me contó que todo esto era una terrible confusión causada por sus actividades financieras con bonos chinos.

Después de nuestro primer encuentro, Ocaña estuvo de nuevo en la cárcel, salió un año después y lo volví a ver en su refugio frente al lago de Tequesquitengo. Me contó que aquella noche en el D'Val, él y Óscar se fueron a sentar con sus importantes anfitriones en uno de aquellos *boots* de cafetería. Viendo a Óscar y a Manolo juntos, uno de los amigos sugirió que sería divertido abrir un bar gay en el antiguo local de Le Neuf. A todos les pareció entretenida la idea, sobre todo a Calatayud, quien tenía más experiencia que ninguno de ellos y veía en Manolo la oportunidad de tener pleno acceso al dinero de los gays elegantes. Ni Ocaña ni Donnadieu se acuerdan realmente cómo prosperó el proyecto. Lo que está claro es que las partes rápidamente se pusieron de acuerdo. Manolo y el francés aportarían el local y algo de dinero, y obtendrían el cincuenta por ciento de las ganancias. Ocaña y Calatayud aportarían la otra parte del dinero necesario para la apertura, y obtendrían el cincuenta por ciento restante.

Como en ese momento Manolo no tenía el apoyo del Papa, que estaba furioso por la aventura fracasada con el otro italiano y por la aparición súbita de un francés, Henri tuvo que empeñar un par de relojes para conseguir el dinero necesario para la apertura, mientras que Calatayud pidió a Ocaña vender un auto nuevo, un Dodge Dart rojo, a cambio de otro auto que el mismo Calatayud le dio. Luego se ocuparon de los detalles de la inauguración. Decidieron quitar buena parte de las mesas del restaurante para acoger a más personas. Sólo dejaron un grupo de ocho mesas debajo de la carpa estilo veneciano. El día de la apertura, la invitada de honor, Irma Serrano, la escandalosa actriz que era amante de presidentes y traficantes de drogas, y amiga de Calatayud y de Ocaña, llegó en su Rolls Royce dorado que estacionó en la calle de Florencia, a media cuadra del bar. Ocaña, en su papel de Camelia, fue a recibirla mientras la gente se apiñaba en la calle para verla. Apareció Xóchitl con un vestido de Cleopatra que había llevado a una fiesta en el Hotel del Prado, pero sin el tocado. Hubo quien se quedó del otro lado de la banqueta, sin poder entrar, incluida la policía, que se presentó intrigada a pedir documentos y tampoco pudo acercarse por la gran cantidad de gente que había, de cualquier manera, adentro estaba el coronel Saad. En el bar, la Serrano pensó que sería buena idea romper una botella de *champagne*, como si aquello fuera un barco: la estrelló contra la chimenea de cantera que tanto orgullo le daba a Giuliano, pero lo único que logró fue hacer un hueco en la piedra.

Capítulo dos

Debido a las relaciones con los artistas del momento, uno de los cocteles más memorables de aquellos primeros días de El Nueve fue el que ofrecieron en honor de Lola Flores, la cantante española, que entonces tenía cincuenta y dos años y había venido a México para actuar en el Hotel Fiesta Palace de Reforma. Para el coctel, Flores pidió encontrarse con María Félix, que entonces tenía sesenta y un años. Los nuevos administradores del bar tuvieron que acudir a un anticuario amigo de la Doña, que habló con ella y la invitó a El Nueve, arreglando así el encuentro entre las mayores divas de España y México. La fiesta se encendió cuando las dos comenzaron a cantar, lo que resultó muy celebrado. El rumor de esa noche se esparció rápidamente y contribuyó a acrecentar la fama del bar.

El club abría la puerta a las ocho de la noche y con frecuencia ya estaba lleno cuando daban las nueve. Calatayud, con más visión comercial, mandó quitar definitivamente las mesas del antiguo restaurante y puso una barra en el salón de la chimenea, que se convirtió en el lugar donde durante casi un año Guillermo Ocaña recibió a amigos y estrellas. La combinación de artistas y homosexuales de posición acomodada le dio a este bar gay un carácter único. Además, era el primero fuera del centro de la ciudad que no se asumía con vergüenza y se presentaba como lo que era. Ir a El Nueve significaba no tener que practicar el *sluming*, término inglés que significa visita al barrio bajo, descenso a lo sórdido —y que retrata cómo experimentaban los homosexuales de las clases medias y altas la salida a ligar—. Geográficamente, el lugar estaba en medio de una de las zonas más dinámicas de la ciudad; simbólicamente, heredaba el prestigio de un restaurante de postín y era el primer bar gay que restringía la entrada.

En 1978, José Luis Parra, reportero de *El Universal*, publicó una crónica en seis partes llamada "Apuntes para una novela: la homosexualidad". Parra se propuso ofrecer un panorama de la vida gay en la ciudad de México, llena de rechazos y sufrimiento, como si fuera un culebrón. La pieza comenzaba así: "En un sórdido, inmundo y descuidado bar de las calles de Aquiles Serdán, lugar que asfixia y ahoga por su falta absoluta de ventilación, el reportero intenta entrevistar a uno de esos extraños chamacos llamados 'mayates', cuyo único quehacer es el dedicarse a obtener a diario dinero a base de sus prácticas homosexuales".

Este comienzo marcaba el tono de la crónica, que exponía la extorsión de la policía, echaba luz sobre levantones y razias, y daba un panorama de los bares. De El Nueve, al que el reportero no pudo entrar, decía lo siguiente:

> La visita fue enseguida al exclusivísimo El Nueve de la calle de Londres, en donde el caso resultó difícil pues era requerido contar con una credencial de socio. Ésta, se enteró el periodista cuando alguien le facilitó una con muchas reservas, cuesta mil pesos y por lo menos se tiene que renovar cada tres meses.
>
> A este bar "gay", se explicó, acude sólo la flor y nata de la gente del "ambiente", no se baila, pues solamente se va en busca de "ligue". Son muchos los adultos que asisten esperanzados en el "acostón", que es la aventura ocasional sin compromiso.
>
> En este bar todo es muy elegante y funcional, y por supuesto que resulta prohibitivo para las clases desposeídas. Suelen ir muchas lesbianas, se explicó.

Aquella era una crítica muy común a El Nueve. Aunque sus precios no eran para nada exorbitantes, pues la entrada costaba lo mismo que el famoso 41, un bar cercano y muy populachero, otros gays de la época también percibían que el lugar estaba fuera de su alcance. Por lo demás, sí existió tal credencial de socio: había sido un truco de Calatayud para restringir la entrada a gente indeseable, aunque su vigencia duró poco tiempo.

Esta percepción de El Nueve como un lugar exclusivo y excluyente se complica aún más porque su auge coincide con la irrupción del movimiento gay en México, que tenía una raíz de izquierda. En 1971, Sears despidió a algunos de sus empleados por su condición homosexual. Un grupo solidario se planteó la idea de boicotear la tienda y protestar en las calles, pero pensaron que las condiciones no eran propicias: todavía estaba muy fresca la represión del Jueves de Corpus, de un grupo paramilitar llamado Los Halcones contra una manifestación de estudiantes que pedía la liberación de los presos políticos de 1968. Durante buena parte de los años setenta el activismo gay se mantuvo dentro de cuatro paredes, confinado a las casas y los departamentos de algunos líderes que se reunían en grupos de terapia y estudio para leer y comentar los libros, los artículos y las noticias de los movimientos de liberación homosexual en Inglaterra y en Estados Unidos. Las discusiones sobre la conveniencia de salir a la calle iban y venían, hasta que en junio de 1978, pocos meses después de la apertura del bar, tres organizaciones de activistas decidieron que era su hora. Lo hicieron como parte de un contingente más amplio de izquierda que marchó en la ciudad de México para conmemorar el aniversario de la Revolución cubana —paradójicamente, un régimen muy homófobo— y los diez años del inicio del movimiento estudiantil de 1968. Eran apenas unas treinta personas, pero la novedad de su presencia atrajo a la prensa.

Algunas notas estaban escritas con asombro o con cierta sonrisa en la boca. Una caricatura de *El Sol de México* muestra a unos policías observando la manifestación. Uno le dice otro: "Caray, mano. ¿No extrañas esas manifestaciones en las que nos echaban piedras?" El otro contesta: "Sí, mano, en estas nuevas nos dan besitos". El columnista León García Soler bromeaba: "Si antes el gobierno mandaba Halcones a infiltrar manifestaciones, ¿ahora enviarían Palomas?" Otro columnista escribió incrédulo:

> Vestidos de mujer, maquillados y con pelucas portando una pancarta que decía: Frente Homosexual de Acción Revolucionaria [*sic*], unos treinta representantes del tercer sexo marcharon junto a los comunistas ortodoxos y no tan ortodoxos. Y [...] repartieron unos volantes cuyo lema central era: "A favor de los oprimidos". Como dicen los norteamericanos: "No comments".

Los problemas del país parecían innumerables: el llamado "milagro mexicano" había estallado con una devaluación en 1976, la primera desde los años cincuenta. La marginación y la pobreza eran insultantes, resultaba urgente darle una solución política a los grupos de izquierda que estaban en la clandestinidad después del 68, las organizaciones empresariales habían mostrado su rebeldía frente al poder del PRI, la corrupción de la élite gubernamental ya era insoportable, la libertad de expresión había recibido un golpe con la salida de Julio Scherer, periodista crítico de *Excélsior*, ¿y encima de todo había que atender las demandas de los homosexuales?

El más radical de estos grupos era precisamente el Frente Homosexual de Acción Revolucionaria (FHAR) —los otros grupos eran Oikabeth, una asociación de lesbianas, y Lambda, una facción más moderada de activistas, que incluía hombres y mujeres—. Su líder, Juan Jacobo Hernández, venía del sindicalismo universitario y había participado en los grupos de estudio de mediados de los años setenta. El FHAR se formó en buena medida como respuesta a las vejaciones de la policía contra la comunidad homosexual. Durante los primeros meses de su actividad, organizaron manifestaciones fuera de la delegación Cuauhtémoc —el *Diario de México* tituló la nota sobre la manifestación: "Mitin de maricas"— y enviaron cartas de protesta al regente de la ciudad, Carlos Hank González, para advertirle de la actuación de la Dirección General de Policía y Tránsito, a cargo de uno de los funcionarios más corruptos de los que se tiene memoria, Arturo el Negro Durazo, además de realizar inspecciones oculares en los centros de detención y comenzar a llevar un registro de las modalidades de violencia contra los homosexuales.

Entrevistado para una publicación de activistas en Estados Unidos, Hernández dijo que la vida nocturna en la ciudad de México estaba dividida por clases sociales. La calle era para los que tienen poco dinero; los cines y los baños de vapor, para las clases medias, y los bares, para los más afortunados. El periodista preguntaba cuál de estas clases era la que más presencia tenía y Hernández contestó que las clases altas no se notaban y eran políticamente inertes porque estaban más interesadas en Acapulco o en Nueva York. Las clases medias y bajas eran más visibles y las que más padecían la persecución policiaca.

Meses más tarde, el FHAR publicó un periódico llamado *Nuestro Cuerpo,* en cuya segunda edición elaboraron una crítica a la situación de los bares en la ciudad. Ciertamente, habían proliferado, pero estos activistas de izquierda se preguntaban: ¿eran los más idóneos para la reunión de homosexuales? La publicación aceptaba que eran muy buenos para la socialización, para bailar, para tomar una copa, para relajarse y para ligar, pero los bares en México —señalaban— eran caros y malos. Algunos abusaban de su clientela; además, fomentaban la alienación de los gays más pobres, que se gastaban pequeñas fortunas cada fin de semana.

La crítica de los pioneros del movimiento homosexual a El Nueve y a los gays de clase alta se puede entender mejor si se mira a la luz de Xóchitl, madrina de El Nueve y protectora frente al asedio de las autoridades. La figura de Xóchitl merecería un libro aparte. Llegó a tener un poder que ningún otro travesti ha logrado debido a su audacia para colocarse entre las altas esferas de la política y la sociedad. Xóchitl tenía un prostíbulo y regenteaba a actrices y a cantantes conocidas; atendía lo mismo a políticos, que a empresarios y gente de la farándula. Contaba con la protección de la autoridad —varias fuentes mencionaron al profesor Carlos Hank González— y se había convertido en una figura visible porque organizaba fiestas memorables a las que asistían sin pudor y con mucha alharaca los intelectuales, los políticos, la alta sociedad y los artistas del momento. Xóchitl se había inventado además una especie de monarquía travesti, y ella era la reina absoluta.

Gustavo Xochilteotzin nació en Tacámbaro Michoacán, en 1932. Su familia era numerosa y de origen humilde; su infancia fue un pequeño infierno porque era un niño delicado que sufrió por las burlas de sus compañeros de escuela, lo que se sumaba al repudio de su propio padre. Cuando tuvo la oportunidad, salió huyendo de aquel ambiente y llegó a Querétaro, una de las ciudades más conservadoras del país, a dos horas del Distrito Federal. Allí no sólo trabajaba como florista; también comenzó a organizar las primeras fiestas travestis que luego lo hicieron memorable. Una de éstas se salió de control, pues con la misma dosis de descaro y desmesura que usó en sus años posteriores, hizo la pachanga en la parroquia, donde trabajaba uno de sus tíos. Era un 15 de septiembre, día en que se celebra la independencia de México, cuando se supone que las autoridades estaban distraídas en otras cosas y no se darían cuenta de la reunión de las vestidas. El problema fue que llegaron algunos *niños bien* de la ciudad con sus motos, montaron a los travestis a cuestas y las pasearon por la ciudad. Se armó un escándalo. El gobernador tuvo que intervenir y le dio un ultimátum a Xóchitl para que saliera de Querétaro.

Xóchitl llegó a la ciudad de México a mediados de los años cincuenta. Vendía un fijador para pelo llamado Glostora en los baños públicos y vivía con un pariente en la calle de Tacuba, donde hacía más fiestas. Luego tomó un trabajo con el diseñador de modas Gene Matouk y se convirtió en el encargado de realizar la compra de telas y otros materiales, así como de hacer los mandados. Era un trabajo perfecto, porque por medio de Gene y sus amigos, como el diseñador Julio Chávez, Xóchitl tuvo acceso a gran cantidad de trajes. También por Gene conoció a una proxeneta travesti de nombre Samanta, alias la Chamichami, que tenía un prostíbulo de postín en la colonia Cuauhtémoc. Xóchitl le pidió trabajo y comenzó a meserear en la casa de citas: debió de sentir que aquello era su llamado, porque se independizó unos años más tarde, con una casa propia en la calle de Marsella, a un lado del Salón Niza, una cantina en la colonia Juárez. Poco tiempo después adquirió un *penthouse* en la colonia Tabacalera, a un lado del Monumento a la Revolución, y luego alquiló un edificio entero en la calle Bahía de Todos los Santos, donde expandió el negocio: tenía cinco departamentos de tres recámaras cada uno y un garaje que era ideal para las fiestas.

En agosto de 1974 Xóchitl hizo su gran entrada en la alta sociedad. Fue una fiesta de disfraces para reinaugurar el salón Los Candiles del famoso Hotel del Prado, en el centro de la ciudad: se le llamó "Baile de las Estrellas de Hollywood", la invitación pedía etiqueta o disfraz riguroso. Xóchitl no estaba invitada, pero contrató a unos fisicoculturistas y los vistió de esclavos para que la cargaran en palanquín mientras ella hacía de Cleopatra. También contrató a Las Mulatas de Fuego, unas uruguayas negras, para que bailaran frente a la procesión. De acuerdo con la crónica de Carlos Monsiváis, que aparece en el libro *A ustedes les consta*, en el cortejo de aquella noche había:

> una vikinga, un sheik de Arabia, un marahá, un conde Drácula, un Juan Tenorio, una bruja que le va ofreciendo las somníferas manzanas a Blanca Nieves, la intervencionista Eugenia de Montijo, un mandarín, Barbarella, que congela con su rayo desintegrador a unos pastores del Trianón, Robinson Crusoe, Minni Mouse, Billy the Kid, un fedayín, una Gretel de cincuenta años cuya inocencia corre a cargo de un travesti, un bailarín de Java con un tocado de pedrería, dos Jean Harlow, tres Vanessa Redgrave, seis Marilyn, una Scarlett O'Hara.

Entonces, hizo su entrada Xóchitl:

> Una concentración de miradas: seis levantadores de pesas vestidos como figuras de Tarzán irrumpen con un trono-palanquín desde donde una figura brillante y corpulenta vestida como Cleopatra (tal y como Pola Negri preservó el secreto que recogió Claudette Colbert y adulteró Elizabeth Taylor) aprueba a los Charles Atlas y a las tres bailarinas negras que esparcen los pétalos y anteceden el séquito en la orientalización del escenario. (El conjunto costó más de noventa mil pesos.) La velada alcanza su clima subterráneo al revelarse la condición travestida de la Inmortal Víctima del Aspid. Cleopatra-Xóchitl da la orden y el palanquín desciende y la reina del Nilo, toda en dorado, con sus dos varas del alto y el bajo Egipto, incorpora humildemente con asentimientos de cabeza los bravos y ovaciones que elevan al rango de Emoción de la Noche la tolerancia divertida de las minorías sexuales.

Había aparecido Xóchitl como se le recordará por muchos años: una mujer corpulenta, morena, con peluca negra, siempre con peinados altos, muy maquillada, con los ojos grandes como platos y vestidos recargados que debían de pesar la mitad que ella misma.

La dueña del Teatro Blanquita, Margo Su, escribió en 1989 una fallida novela llamada *Posesión* basada en este travesti. Uno puede leer ahí otras historias que corrían alrededor de Xóchitl. Una versión dice que había sido policía judicial y que por eso gozaba de tanta protección: algunos la recuerdan blandiendo una credencial que lo acreditaba como uno de sus agentes; otros mencionan la inusual cooperación de la policía. En una ocasión, una persona que estaba perdida preguntó dónde quedaba la calle de Bahía de Todos Santos, donde Xóchitl tenía su casa de citas. Cuando el agente se dio cuenta de que era uno de los invitados de Xóchitl, lo escoltó por las calles hasta la puerta del edificio.

En Bahía de Todos los Santos, Xóchitl celebraba a lo grande dos fechas: el día de su cumpleaños, el 2 de agosto, y la primera posada del año, el 16 de diciembre; y con frecuencia recibía gente en su *penthouse* de la colonia Tabacalera. Allí, todo estaba diseñado para su lucimiento. Las lámparas no caían del techo, sino que estaban colocadas en las mesas para echar una luz más favorable sobre los travestis. El decorado era recargado, como los vestidos, y durante las veladas Xóchitl se cambiaba de traje varias veces y se paseaba por los salones para recibir los aplausos y la aprobación de los invitados.

Xóchitl terminó por convertirse en un símbolo público de los homosexuales en México. En 1976, la revista *Sucesos*, del productor de cine Gustavo Alatriste, publicó una larga entrevista con ella. A la pregunta: ¿quién es Xóchitl?, ella contesta que es una persona común y corriente que "con el paso de los años de dedicarse a ayudar a los homosexuales" su nombre ha ido creciendo hasta convertirse en un personaje famoso. A lo largo de la entrevista, Xóchitl explica que este papel había ayudado a los demás a "despojarse de sus miedos, a ser más desinhibidos, a ser más libres, a no sentirse culpables como me sentí yo". Sin embargo, Xóchitl no se considera una provocadora. Cuando le preguntan si no es un problema que la gente moleste a los asistentes en las fiestas que organiza, dice que no: siempre han sido recibidos con agrado, incluso algunos se molestan si no son invitados:

> Después de todo es parte de mi labor que los demás nos vayan mirando como algo natural y humano y no como animales raros [...] Es cierto que la mayoría de los homosexuales van vestidos de mujer y con trajes muy ostentosos, pero trato siempre que lo hagan con orden y en privado; nada de andar luciéndose en público, pues caeríamos en lo que no deseamos: lastimar la moral y las buenas costumbres de la gente que no nos entendería.

Cuando hizo su irrupción el movimiento gay, la autoproclamada Reina de los Homosexuales se mantuvo al margen. Sabía que no podía colocarse al frente de esos izquierdistas, poner en juego sus propios privilegios y traspasar los límites que le ponía el sistema. Reveló la naturaleza de su reticencia años después, en una entrevista con los mismos líderes del Frente Homosexual de Acción Revolucionaria. Rafael Manrique le preguntó por qué nunca se presentó a alguna de aquellas primeras marchas. Xóchitl contestó:

> Muchas veces estuve con ustedes sin que se dieran cuenta. Me conocían como Gustavo... Además, nunca me paré como Xóchitl porque había intereses creados de por medio en los que peligraba el mundo gay. Te voy a decir algo que quizás ustedes nunca supieron, pero el gobierno estuvo a punto de acabarlos a todos. Yo

tuve problemas con el profesor Hank a consecuencia de sus manifestaciones. Él pensaba que yo andaba metida en eso. Le dije: "No, yo los respeto a ellos, pero no tengo nada que ver". No me creía; es más, tuve que enseñarle los ataques que había recibido de ustedes, no nomás del FHAR, de todos, para que me creyera. Yo había conseguido los permisos para varios lugares gays, bares como El Nueve y otras discotecas. Del Distrito Federal me amenazaron varias veces. Me decían: "¿Qué quieren, que los agarremos y les cerremos todos los lugares que tienen?"

Más adelante en la entrevista, Xóchitl cuenta con más detalle el asunto del permiso de El Nueve. Dice que cuando lo consiguió, llevó a varias autoridades para que vieran cómo estaba el asunto. Implicaba que en El Nueve todo era muy decente y ordenado, y también revelaba sus preferencias de clase: dijo que no todos los homosexuales en México estaban preparados para ese tipo de libertades. "Aquí te dan la mano y te agarras el pie", apuntó en relación con los gays más aventurados. Sugería que sólo los homosexuales de El Nueve sabían comportarse y no hacer desfiguros.

Y es cierto. No los hicieron. Durante esos primeros dos años El Nueve funcionó como un club que brindaba cierta dignidad a los gays de clase media y media alta de la ciudad de México. Bien vista, a veces la nómina de los asistentes era más bien propia del Jockey Club. Allí estaban Óscar Beckman, heredero de una familia tequilera, y Piero Slim, primo de Carlos Slim, miembro de la acaudalada familia de origen libanés. Allí iban Lorenzo Torres Izábal, el nieto del mayor terrateniente de Sonora durante el Porfiriato; Víctor Nava, de las ferreterías Návalos Hermanos, que acababa de regresar de París, y Jorge Fabre, de rancia familia poblana y dueño de una enorme tienda de imágenes religiosas y artículos para la iglesia en el centro de la ciudad de México. Pero también asistían chicos de clase media de la ciudad. Los miembros de aquella élite (y de esa generación) no recuerdan a El Nueve como un lugar exclusivo, sino más bien como un sitio agradable y familiar, un lugar donde todos eran más o menos conocidos. Tampoco era un lugar particularmente salvaje: las drogas todavía estaban fuera del horizonte.

La única nota discordante en toda esta escena no era Xóchitl, que para entonces ya formaba parte normal del paisaje gay, sino los *chichifos* que entraban al bar de la mano de Óscar Calatayud: la sal y la pimienta de la noche. Algunas actrices siguieron frecuentando el sitio que, en general, siempre estuvo abierto a las mujeres, no solamente a las lesbianas, sino a las amigas y compañeras de parranda. En esta etapa Óscar Calatayud dio con la idea de otorgar el primer Nueve de Oro, un reconocimiento a algún actor o actriz, con el propósito de darle prestigio al sitio. La primera homenajeada fue la guapa actriz Tere Velázquez. Paco Calderón, cuyo padre era secretario de Estado en esa época, tiene una foto de aquellos tiempos: El Nueve se ve como una sala de estar con gente vestida a la moda de finales de los años setenta. Las extravagancias comenzaron unos meses después, cuando Manolo, Henri y Óscar abrieron una sucursal de El Nueve en Acapulco.

Capítulo tres

A finales de los años setenta, Acapulco era uno de los sitios de vacaciones más glamorosos del mundo. También el puerto competía con la ciudad de México como un lugar de efervescencia homosexual: era, incluso, más divertido; no sólo había más oportunidades sexuales por la presencia de turistas extranjeros, sino también porque quedaba lejos de casa. Había un barecito gay llamado el Sans Souci, donde se encontraban los gays de buena sociedad de México, Estados Unidos y Europa. La playa La Condesa, al centro de la bahía, ya era un lugar de ligue intenso, y una pareja heterosexual canadiense había abierto el Gallery, un cabaret con show travesti adonde llegaban, dos veces por la noche, camiones repletos de turistas.

La idea de exportar El Nueve a Acapulco fue de una extranjera avecindada en esa ciudad, Jacqueline Petit, a quien se le conocía como la reina del *jetset*. Petit era una mujer guapa y extrovertida, amiga de todo el mundo, del gobernador Rubén Figueroa, del alcalde de Acapulco, Febronio Figueroa, del cantante Juan Gabriel, y de los Trouyet, una de las principales familias del puerto. Tenía una agencia inmobiliaria y era socia de Teddy Stauffer —Mr. Acapulco, el austriaco a quien se le atribuye poner de moda el puerto entre las estrellas de Hollywood— y de Dario Borsani, dueño del Rivoli, un elegante restaurante de la Zona Rosa. Entre los tres habían abierto un restaurante de lujo llamado Petit Rivoli.

Petit también fue muy amiga de Manolo Fernández. Lo conoció cuando éste tenía Le Neuf en la ciudad de México, pero su amistad se hizo más grande después del cierre del restaurante y la ruptura de Manolo con Giuliano. A manera de consuelo, Petit llevó a Manolo a pasar una temporada en Acapulco. Luego viajaron juntos a Francia porque Petit tenía una invitación del príncipe Nicolás Timinoff, un pretendiente viejo y rico que los hospedó en su departamento en el Hotel George V, en uno de los barrios más elegantes de París.

De regreso a México, Giuliano visitó a Manolo en Acapulco en un intento de reconciliación. Pero Manolo ya había concebido una idea muy oportuna: se casaría con Petit. No sólo se lo propuso directamente, sino también le hizo creer a su familia que podría haber una boda. Tal vez Manolo tenía la esperanza de que, si se emparejaba con esta mujer, obtendría al mismo tiempo una fachada de respetabilidad y una vida sexual libre y propia: sería un matrimonio de conveniencia. La única que no se tomaba esto en serio era la misma Petit. En el ínter, llegó a México Henri, el francés que Manolo había conocido tres años antes en el Hotel Fiesta Palace: se hicieron novios y abrieron El Nueve. Petit no se casó con Manolo, pero vio una buena oportunidad empresarial al abrir una sucursal del bar en Acapulco.

Óscar Calatayud se fue a preparar la apertura del disco-bar El Nueve, que estaba en un local en la Avenida de los Deportes, a poca distancia del Gallery. El sitio tenía una terraza que daba directamente a la Costera, la avenida principal del puerto. Cómo Xóchitl en la ciudad de México, Petit tuvo que negociar los permisos con la autoridad. Se le ocurrió una idea infalible: hacer socio a su amigo, el jefe de la policía de Acapulco, el general Arturo Acosta Chaparro. Apodado Don Warma, Acosta Chaparro había sido uno de los integrantes del Batallón Olimpia que disparó contra los estudiantes el 2 de octubre de 1968, persiguió a los guerrilleros de Lucio Cabañas y fue jefe de la policía del puerto en tiempos de Rubén Figueroa, que así como torturaba y desaparecía disidentes, también promovía incansablemente Acapulco entre lo más granado de la alta sociedad.

El disco-bar El Nueve abrió en febrero de 1978. Las cosas parecían ir tan bien que algunos meses después el Papa rentó una casa en Acapulco para que Manolo y Henri pudieran pasar las largas temporadas que iba a exigir la atención del nuevo sitio. La gente decía que la casa había sido de la actriz Dolores del Río, pero en aquel tiempo pertenecía a una de esas condesas italianas que estuvieron en las fiestas de Le Neuf. Henri y Manolo conocieron la casa el día que la condesa dio un coctel: era una espaciosa construcción de los años cincuenta, con un aire de la arquitectura de Frank Lloyd Wright, en la falda de la montaña que da frente a la playa La Condesa, no lejos de la discoteca.

Petit, como muchos otros aventureros, era de un origen más bien nebuloso. Aunque pasaba como francesa, los galos que la conocieron dicen que tenía un acento centroeuropeo.

Me encontré con ella en Acapulco en su casa de Las Cumbres, una linda propiedad enclavada en la ladera de la montaña con una alberca que miraba hacia la bahía. Me contó que había defendido esa vista con todos los recursos a su alcance, influencias y amenazas, porque alguien quería construir un edificio enfrente. A sus setenta y tantos años era una mujer delgada y atlética, que se ejercitaba todos los días, mimaba constantemente a su perro chihuahua y no paraba de hablar, con un acento extranjero y una sintaxis quebrada. Me contó que había sido bailarina profesional y llegó por primera vez a la ciudad de México en los años cincuenta, cuando tenía diecisiete o dieciocho años. Se hizo amiga de Bill O'Dwyer, exalcalde de Nueva York y embajador de Estados Unidos en México. O'Dwyer la invitó a pasar un fin de semana en el puerto y cenaron en el Hotel Los Flamingos, en los acantilados del Acapulco viejo, donde la naturaleza les regaló un deslumbrante atardecer que la dejó prendada para siempre. Regresó años más tarde, cuando estaba buscando un lugar para retirarse. No es que Petit fuera entonces una venerable matrona; todo lo contrario: era joven y conservaba una figura maravillosa.

En busca de una casa, se instaló primero en el Hotel Presidente con tres perros, dos chihuahuas y un french poodle, pero la madrugada de ese mismo día le pidieron amablemente que abandonara el hotel porque los nerviosos ladridos de los perros molestaban a los vecinos. Se mudó inmediatamente al Hotel Villa Vera, donde conoció a su dueño, otro aventurero, Teddy Stauffer, de quien se hizo amiga inmediatamente. Stauffer ayudó a Jacqueline Petit a conseguir la casa de Las Cumbres, no lejos del Villa Vera. Instalada, Petit puso una agencia de bienes raíces y se dispuso a vivir la vida como a ella le gustaba. Dueña de un carácter férreo y profundamente optimista, Petit comenzó a construir su propia leyenda. Fue la primera mujer en aventarse de La Quebrada, el acantilado famoso por la temeridad de sus clavadistas, y se casó con uno de ellos, con quien tuvo una hija. Adoraba beber champaña, vivía para las noches de Acapulco y las fiestas que los nobles de Europa y los ricos de Nueva York daban cada temporada.

En 1978 llegó a Acapulco el escritor Ricardo Garibay con el propósito de escribir un libro sobre el puerto. Gracias a él tenemos una de las imágenes más literarias de cómo era el disco-bar El Nueve. La ciudad pasaba por uno de sus momentos más gloriosos y, por eso, sus miserias comenzaban a ser muy evidentes. Acapulco tenía una cara limpia, la faceta de la bahía como herradura perfecta y su anfiteatro de montañas, las extensas playas, el lugar favorito del *jetset*, los grandes restaurantes, las mejores discotecas del país, los hoteles de lujo y las casas enclavadas en la montaña que recibían a lo más selecto de la sociedad de México y del mundo en temporada alta. Ese Acapulco comenzó a desarrollarse desde finales de los años veinte, cuando se abrió una carretera que lo conectaba con Taxco y la ciudad de México. Luego, la segunda Guerra Mundial benefició enormemente al puerto, pues con el cierre de los centros turísticos europeos, muchos viajeros voltearon la cara hacia un país que recién despertaba.

Siempre hubo un elemento de clase alta en la promoción de ese Acapulco. Incluso antes de la carretera a Taxco, en 1920, el Duque de Windsor visitó la bahía y difundió su belleza entre la realeza europea. Más tarde, él mismo fue parte del círculo de millonarios del mundo con intereses en México. Durante la guerra, el presidente Manuel Ávila Camacho alentó a estos empresarios nacionales y europeos a invertir en Acapulco, con la instauración de una política que llamó "peso contra peso": el Estado mexicano se comprometía a ayudar a los particulares a invertir, aportando la misma cantidad que ellos en los proyectos turísticos. Luego, el presidente Miguel Alemán se encargó de modificar la traza urbana de Acapulco, movió de lugar el aeropuerto, creó los primeros fraccionamientos, las zonas residenciales y mandó construir la Costera, la calle que sería el eje del nuevo desarrollo turístico. En 1947 Orson Wells filmó en Acapulco *The Lady from Shanghai*. Más tarde, John Wayne, Cary Grant y Errol Flynn compraron el Hotel Los Flamingos, en Caleta, abriendo la puerta para sus amigos en Hollywood. En 1964 se terminó de construir el nuevo aeropuerto internacional, que abrió Acapulco definitivamente al *jetset*, es decir, al grupo de personas adineradas de todo el mundo que viajaba en avión para asistir a los eventos sociales del momento —aunque poco tiempo después también se permitió el acceso al turismo masivo—. A finales de los años sesenta, llegaban a Acapulco vuelos directos de Los Ángeles, Washington, Nueva York, Chicago y otras ciudades de Estados Unidos, y cada sábado, un vuelo directo de Qantas desde Australia.

Pero Acapulco también tenía una cara horrible: ese desarrollo turístico fue ejecutado tras el despojo de los campesinos que tenían tierras comunales cercanas a la playa. Casi todos estos ejidos fueron expropiados en los años treinta y cuarenta por las autoridades federales y locales, aduciendo el interés público. Luego, esas tierras fueron vendidas a familiares y amigos de esos políticos que las expropiaban. En los setenta, Acapulco ya comenzaba a ser un símbolo de degradación ecológica y marginación urbana. Atraídos por las oportunidades en el puerto, los campesinos migraron y comenzaron a atestar las laderas de las montañas. La debilidad urbana de estas zonas y la pobreza de sus habitantes estaban al alcance de todos los visitantes. Bastaba con levantar la vista hacia los cerros.

Además, Guerrero fue la tierra donde se había despertado la guerrilla rural. Más de dos tercios de los efectivos del ejército mexicano estaban concentrados en la sierra. En 1974 parecía que el líder de esa guerrilla, Lucio Cabañas, negociaría con los representantes del gobierno. Una comitiva encabezada por el entonces candidato a la gubernatura y senador por la República, Rubén Figueroa, se adentró en la sierra, y una brigada del movimiento lo secuestró. El rescate de Figueroa se pactó en cincuenta millones de pesos. La guerrilla liberó a Figueroa y unos meses después el ejército acabó con Lucio Cabañas, que fue capturado vivo, ejecutado y quemado. Los años posteriores estuvieron signados por la erradicación de los miembros del Partido del Pueblo. Figueroa gobernaba con mano dura un estado pobre y bronco, pero Acapulco seguía siendo el ejemplo de lo mejor de México. No sólo representaba el cuarenta y cinco por ciento de la industria turística nacional, sino que también las familias de ocho ex presidentes, de Portes Gil a López Mateos, tenían intereses en el puerto.

El alcalde de Acapulco era Febronio Díaz Figueroa, sobrino del gobernador. Febronio, como Acapulco, tenía mucho color: descendía de una familia principal de Iguala, estudió en la Escuela Normal para Maestros y en la Escuela Nacional de Economía, de la ciudad de México; fue burócrata menor, y por las noches daba clases a maestros, estudiantes y campesinos. Se jactaba de su pasado marxista y sus discursos tenían pinceladas de ideología de izquierda, pero al mismo tiempo tenía fama de buen bailarín, nadador aceptable y *playboy* de gran mundo, aunque era particularmente feo. Normalmente vestía con guayabera, pantalones y zapatos blancos, que lucían especialmente bien en su lugar favorito para divertirse, un cabaretucho que se llamaba Ninas, donde con frecuencia se le veía con su amiga favorita, Jacqueline Petit. Se le ocurrían grandes planes que luego se hacían añicos por el peso del ridículo; por ejemplo: después de un viaje a Japón anunció que se construiría un tren bala entre la ciudad de México y Acapulco, sin considerar que el asunto era económicamente inviable porque habría que perforar muchas montañas. Luego, durante el concurso Miss Universo de 1978, organizó la Fiesta del Fuego. Los asistentes tendrían el derecho de comprar boletos de doscientos dólares cada uno para una especie de rifa. Quienes resultaran ganadores tendrían derecho de pasar la velada en compañía de la señorita en cuestión. Cuando los organizadores del concurso se dieron cuenta del esquema, cancelaron la presencia de las concursantes; la fiesta se suspendió, pero el ruido se hizo grande como una ampolla después de la quemada.

Hipnotizado por estas contradicciones, Ricardo Garibay llegó a Acapulco para reportear y escribir su famosa crónica *Acapulco Gold*, uno de los monumentos del periodismo narrativo en México. Garibay era una personalidad pública malhumorada. Había algo en él que recordaba a Hemingway, como escribió en su obituario Adolfo Castañón. Era un hombre culto y rudo, un hiperrealista que "se complacía en los diálogos callejeros, en las pendencias del pugilato, en el arrabal y la comedia urbana". Tenía un oído magnífico y "vivió atraído por las palabras como por la mujer".

Por su libro nos enteramos de que Garibay había ido a La Huerta, uno de los mayores prostíbulos de Acapulco, y que a las cinco de la mañana su acompañante le preguntó si iban a seguir allí "o, digo, vamos agarrando un pasador, ésta es la hora. ¿Un pasador? Señor, de los muchachos que pasan la droga, o qué quiere usted, aunque ya es tarde, una discoteca de putos, porque hay dos de lujo, o el Sansusí, señor [...] de putos con servicio de cuartos, o tal vez, porque en Acapulco hay mucho qué hacer".

Garibay no fue a ninguno de estos lugares, sino que llegó en la mañana, crudo, a su cuarto de hotel. Pero las constantes llamadas no lo dejaron dormir. Una de ellas fue de Jacqueline Petit, que entonces era pareja de Gregorio Casals, amigo de Garibay: Jacqueline le hablaba para invitarlo al restaurante Petit Rivoli al día siguiente en la noche.

Ésta es la crónica de aquella noche:

—¡Yo mato, para que tú sepas, que ya lo sabes yo te digo; yo mato con manos, con cuchillo, con tijeras con pistola! ¡Si tú me buscas por daño a mí, yo te mato, que ya maté a dos, cuales yo odiaba, en guerra, dos nazis yo maté, cual no vuelven a hacer prejuicios, ellos hacen cosas horribles y los ataco y me voy y no me encuentran nunca y se quedan tiesos, tirados, sangre corriendo llena todo el lugar y me voy tan tranquila que no me importa! ¡Eso tú conoces de mí, que Yackie esto, que es mal que se aprovechen de mujer sola, no porque Yackie mata! ¡Yo te lo digo a ti!

Garibay advierte que Jacqueline Petit es feroz. Describe cómo sus dedos aprietan con fuerza el cristal cortado. Garibay le pide que se calme. En eso, una canción de Juan Gabriel suena en la bocina del restaurante.

—¡Adoro a Juan Gabriel, mi amor, mi amor, mi amor! —y envía besos a la bocina.
—Lindos besos… al vacío… el chico es homosexual.
—¿Y qué?
—Desperdicio…
—Él sabe que yo adorro y él adorra también, a mí. Y me encantan marricones, y más Juan Gabriel, cual yo sé que es un gran artista, y tú no sabes pero él va a ser famoso ¡en mundo!, yo te lo digo.

Como al parecer a Jacqueline Petit sólo le interesa hablar de sí misma, Garibay se entera de que es dueña de un lugar gay, el disco-bar El Nueve, y goza intensamente beber, bailar e irse de parranda con los maricas; tiene un vecino aristócrata, el barón Haussmann, que la espía cuando ella se asolea desnuda y a quien ahuyenta a golpe de tiros de escopeta. Fue una niña bailarina y pasa parte de su tiempo en París, donde se compra ropa de Dior; tuvo un romance con un clavadista de La Quebrada y se querían en Las Cuevas; le gustan los políticos, la pretende un viejo noble y está pensando en casarse con él por los títulos, para que sus hijas hereden.

"¿Ya terminó su vodka? —preguntó Petit—. Bien, vamos a disco El Nueve, esta noche es parranda." Estaba lloviendo. Petit rechazó el paraguas que le extendió el portero del restaurante y le dijo a Garibay que si se mojaban, luego se podrían desnudar y secarse. Al salir al chubasco, le ofreció la mano para que no se resbalara.

Llegamos empapados a El Nueve. Los muchachos la besan, la acarician, le beben el agua en las mejillas, le buscan el mejor hueco entre las mesas de la pista. Local con muchedumbre multicolor. Pequeña barra semicircular de bancos zancudos. Aquí beben, hablan, se tientan los muchachos. El atleta rubio y barbado, el mulato de alambre, el gordo pelirrojo, el naco, el pálido jipi, el nandor cobrizo, el coco exangüe, el rubensiano con arracadas, el padrote Pausanias. La cara del guerrillero baleado, sus ojos opaca piedra entreabierta, el filo cariado de sus dientes, el lodo reseco en sus cabellos y en sus manos, la sangre sólida en la sien; guerrillero horriblemente ceroso, esternón, costillas y el hueco del diminuto vientre; que dio una voltereta como si hubiera saltado sobre un resorte —rehilete el perro aquel de la primera mañana— y cayó sobre el cuello, cuello roto en tres partes; labios que nunca supieron de delicias; cara anónima, toda desventura; de ambos poros de la nariz le sale de pronto un hilo vivo, una agüilla amarillenta. "Es que les fermenta la tripa —dice el Mayor—. Fíjese que ya empieza a apestar." Caleidoscopio estruendosísimo, ensordecedor, incesante desde las ocho de la noche hasta el primer sol y hasta el segundo. No se suspende nunca, ni un momento, la música gringa. Un disco empieza cuando el anterior va acabando y otro empieza cuando ése va acabando. Todos iguales: coros estentóreos, alaridos en gringo, gruñidos antediluvianos, platillos, tamboras y cornetas. Y venga, venga, venga, como si el mundo todo y la vida fueran este recinto cerrado, negro y azul oscuro, infestado de manchas luminosas. Los muchachos bailan solos o en parejas. Se acercan unos a otros, se contonean, se acarician, se besan chupadores, bigotones, se contemplan epilépticos en arrobada libertad. Traseros de gelatina, braguetas en ristre, barbas buscando cuellos nervudos, soñando sobre hombros púgiles. La cara del guerrillero baleado. La pobre carta balbuciente que le sacaron de la bolsa. Él a salto de mata, los itinerarios cerreros de pueblo a pueblo, a cuestas sus odios sin rumbo. La mugre de los pies.

Las moscas chupándole el negruzco sexo. El pantalón con majada de vaca. Las chanclas que le quitaron al cadáver. Se cagó el guerrillero apenas antes de morir; sale debajo de sus nalgas un charco de mierda verdosa y entre los flacos muslos brillan como mica estrellada los miados coagulados. Rincón de cemento. Por el ventanuco entran y salen moscas. Te pones obvio poeta torturado, cual yo detesto ¡despierta! Jackeline manda que traigan vino de su restorán; sigue alucinada al ritmo de la música, el femenino zarandeo de los cuerpos machos; me habla a gritos y no la oigo, contesto lo primero que se me viene a la cabeza; por ejemplo: ¡magnífico, claro! o ¡no, no, sencillamente total! o ¡realmente no me imaginaba! o ¡qué cosa tan sucia y tan estúpida! ¿Cómo?, pregunta Jackie, ¡qué qué cosa tan estupenda!, grito y ella me aprieta las manos, asiente y se respalda gozosa en la silla enana y angostísima.

—Acaba vino, vamos Charles Chili. ¡Mira! —detiene a un mesero negro, que la besa, le alisa los cabellos y dice: ¡mi amor, no te había visto! Que me lleven botella a Charles Chili, voy con señor que es amigo Gregorio, tu sá, ¡Gregorio!

—¡Ah, oh, Gregorio, Gregorio! —dice el negro lamiéndose el enorme sapo de sus labios.

—¡Ah, cabrón, no olvidas Gregorio!

El negro dibuja algo procaz en el aire y sale abriéndose paso en la multitud. Y en ella venimos riendo Jackie y yo —y yo ¿de qué me rio, grandísimo cretino?, ¿qué me parece sensacional?— hasta la calle.

—Vamos caminando.

—¡Jackie, por Dios, está diluviando!

—Dame mano, después te desnudas y pasa nada.

En medio de la discoteca, Garibay superpone la visión de un guerrillero muerto. Es probable que quisiera hacer resaltar la banalidad del asunto. En el texto hay también una crítica más o menos explícita a la música disco y un complicado comentario sobre la boca de un negro. Garibay está expresando un punto de vista muy común de la época sobre la cultura disco y el amaneramiento de las costumbres. Habla del mundo gay, como muchos intelectuales desde los años treinta, desde la palestra del nacionalismo revolucionario.

A los homosexuales de la época, en cambio, el disco-bar El Nueve les encantaba. Mientras que el de la ciudad de México era un bar simpático, el sitio de Acapulco era la primera discoteca gay en forma de todo el país. Tenía lo bueno y lo malo de la vida nocturna de la época. Por un lado, reivindicaba un aspecto que estaba en la semilla de la era disco: la reunión de un grupo de gente para bailar y divertirse en sus propios términos. No estaban peleando sus derechos en la esfera pública, como sus compañeros de Stonewall o los activistas del FHAR, sino que, de manera controvertida, estaban reuniéndose a ejercer su prerrogativa de bailar de manera desinhibida y sin culpas. El Nueve de Acapulco era la puerta de entrada en México a esta experiencia, el sitio ideal para aspirar *poppers*, fumarse un churro de mariguana, bailar, fajar, ligar.

Petit utilizó sus relaciones para llenar la discoteca con las celebridades del momento. Por allí pasaron, por ejemplo, la actriz Úrsula Andress, y la hija del dictador de Indonesia, Dewi Sukharno, cuando estuvieron en Acapulco para el concurso de Miss Universo. También hay postales de la cantante y modelo Grace Jones, de Sean Connery y de lady Bird Johnson. Allí se divertía Juan Gabriel, y Xóchitl llegaba con sus ropas pesadas y su séquito real. En una foto que me enseñó Petit, están ella, Manolo Fernández y Óscar Calatayud. Petit tiene un turbante en la cabeza, de donde cuelga una joya; se ve guapa y altiva. Manolo y Óscar están vestidos de blanco, con un pañuelo alrededor del cuello; también se les ve radiantes. Están sentados frente a una de las mesas características del bar: la mitad de un barril con una tapa de vidrio. Atrás de ellos se encuentra el barón Haussmann, el aristócrata francés vecino de Petit, acompañado de unas guapas muchachas y de Fito Girón, el animador y bailarín mexicano que acababa de estrenar el popular programa de concursos de baile *Fiebre de Sábado por la Noche*.

La madrugada del sábado 26 enero de 1979 se presentó en el disco-bar El Nueve la policía judicial buscando drogas. Arrinconaron a todos los parroquianos en uno de los salones mientras revisaban el establecimiento, se llevaron presos a una docena de personas, Manolo entre ellas, y lo clausuraron. Jacqueline estaba en casa el día de la redada, Henri en la ciudad de México; Óscar Calatayud y Guillermo Ocaña ya no eran parte de la sociedad. Según el informe del Ministerio Público, el licenciado Ramón Calzada Véjar en compañía de dos agentes más del propio Ministerio Público y catorce agentes de la policía judicial se presentaron en El Nueve, se identificaron con el portero y le hicieron saber el motivo de su visita. Los agentes dieron fe de que se trataba de un lugar donde se tocaba música moderna y que esa noche había unas doscientas personas. Localizaron a Manuel Fernández Cabrera para interrogarlo sobre el tráfico de drogas. Cabrera confesó que la persona que organizaba aquella distribución era el encargado de seguridad de la discoteca, pero esa noche no estaba. La policía procedió a inspeccionar la discoteca solicitando a la gente que se mantuviera en orden para no entorpecer su labor. Encontraron: una cajita de metal que estaba en una maceta que contenía un polvo café, probablemente heroína; algunos cigarros de mariguana que llevaban los clientes; más mariguana en la cabina del DJ, y en la oficina del gerente, varios frascos de *poppers*, además de envoltorios que contenían cocaína. La policía arrestó a Manolo y a los meseros por estar relacionados con la distribución de drogas y ordenó la búsqueda de otro empleado llamado Antonio

Caracas, que estaba bajo sospecha pero había logrado escapar esa noche.

El Gráfico de Acapulco publicó un día después:

> Autoridades federales clausuran el influyente antro El Nueve. Asquerosos vicios se están explotando ahí. No fueron tan poderosas las influencias de las que blasonaba el propietario del antro El Nueve, ya que él mismo, junto con otras doce personas entre meseros y clientes se encuentran detenidos, pero no por explotar la mariconería, sino por el tráfico de drogas y enervantes [...]
>
> En el ambiente de los trabajadores de hoteles, cabarets y restaurantes bares, se tiene la impresión de que otros negocios serán visitados sorpresivamente por agentes federales, pues es vergonzante que las autoridades locales y sanitarias toleren el funcionamiento de negocios en los que se exploten los peores vicios y las más acusadas desviaciones.

Jacqueline Petit recibió la noticia del cierre con enorme sorpresa. Inmediatamente trató de echar mano de sus contactos locales, el gobernador y el presidente municipal, pero le dijeron que habían sido órdenes federales: Arturo Acosta Chaparro ni siquiera le contestó el teléfono. En la ciudad de México, la noticia del encarcelamiento de Manolo también fue algo inesperado. El columnista de sociales Mario de la Reguera, amigo de Manolo, escribió en *El Heraldo*:

> Manolo Fernández sigue detenido. Jacqueline Petit se moviliza. Lamentablemente la noticia de que Manolo Fernández fue detenido y está golpeado e incomunicado es cierta. Ya se pueden imaginar el rostro sorpresivo de los clientes (ochenta por ciento extranjeros) cuando entró la policía judicial. La clientela atemorizada con tanta metralleta recibió el amanecer tras las rejas. Pensar que hace días habíamos hablado con Manuel y nos dijo

que nos convidaba al primer aniversario de El Nueve de Acapulco y que El Nueve de México (cerrado por precaución) festejaría su segundo año. Ya lo señaló ayer Sánchez-Osorio en su columna: "En todas las grandes ciudades, los *gay-bars* no son un lujo sino una necesidad". Aunque es delicado tratar el problema del sexo, hay muchos para los que los homosexuales son un rezago de la sociedad aunque el verdadero espíritu humanitario trate de probar lo contrario y los considere como a una clase a la que no hay que cerrarle las puertas [...] Por lo pronto Jacqueline Petit se moviliza. Hoy debe estar en Gobernación y en la procuraduría para tratar de esclarecer el hecho.

Se acababa de formar una asociación de bares y centros nocturnos de Acapulco, con el ánimo de hacer un frente común para negociar con el gobierno, encarar el abuso de la policía y, en general, contrarrestar la mala fama que tenían las discotecas como centros de vicio —era muy común que los judiciales entraran a un establecimiento y plantaran mariguana, amenazaran al dueño con clausurarlo y el asunto terminara la mayor parte de las veces con un arreglo amistoso, es decir, con una mordida—.

El cierre de El Nueve motivó una reunión de emergencia de la asociación y se tomó la decisión de solidarizarse. Aquella tarde cerraron restaurantes y en la noche no abrieron las discotecas.

Imagínese usted —escribió Aaron Fux, dueño de la discoteca El Boccaccio, en sus memorias, *Acapulco, ¿jet-set? ¿Cuál?*—, todos los establecimientos de la Costera inscritos en la asociación, y muchos más, por solidaridad, cerraron sus puertas, apagaron sus luces y anuncios luminosos. Y aquel jueves, en plena época turística, Acapulco parecía una ciudad fantasma y oscura. El turismo deambulaba por las calles sin saber lo que sucedía, admirado de que la zona turística estaba paralizada y a oscuras.

El entonces secretario de Turismo, el arquitecto Guillermo Rossell de la Lama, convocó a una reunión en la ciudad de México para que los miembros de la asociación le explicaran sus problemas. Unas veinte personas relacionadas con los bares y los centros nocturnos tomaron el primer avión de la mañana para reunirse con Rossell, quien escuchó las quejas de los agremiados y prometió hablar con las autoridades para tratar de arreglar el asunto del cierre de El Nueve.

Pocos días después, la policía arrestó a Antonio Caracas, el empleado de la discoteca también acusado de traficar droga que se les escapó la noche de la batida. Antonio era amante de Jacqueline Petit, un muchacho de una belleza extraordinaria que generalmente estaba en la entrada. La madrugada de la intervención judicial estaba en la discoteca, pero logró mimetizarse con la clientela y fue liberado junto con los demás. Lo arrestaron saliendo de su casa, lo llevaron a unos separos y lo golpearon, obligándolo a firmar una declaración contra Petit bajo la amenaza de meterle una estaca en el culo. Caracas recuerda que originalmente los judiciales querían que inculpara al jefe de la policía de Acapulco y socio de El Nueve, Arturo Acosta Chaparro, pero que eso le dio más miedo que los golpes que le daban, y se negó a hacerlo. Lo obligaron a firmar una historia según la cual los agentes que lo detuvieron lo trataron correctamente y no tenía ninguna queja contra ellos. Y de ninguna manera se había sentido coaccionado para rendir su declaración. Según este relato, al día siguiente de la clausura, Caracas y Petit regresaron a la discoteca, arrancaron los sellos, abrieron la puerta y recogieron un paquete de mariguana y una piedra de cocaína que estaba en un hueco debajo de las escaleras. Luego salieron del negocio y cada quien se fue para su casa. En esa declaración, Caracas dijo que la droga era propiedad de Manolo Fernández Cabrera, y también que éste estuvo presente la madrugada del 20 de enero, cuando la policía judicial federal entró a El Nueve y detuvo a los empleados; que los turistas que visitaban el lugar usaban mariguana y *poppers*, y que Manuel Fernández era quien le daba la mariguana para su distribución en el bar.

El 9 de febrero, el mismo día del arresto de Caracas, como a las dos y media de la tarde, Jacqueline se preparaba para ir a la cárcel, como todos los días, a llevar comida del Petit Rivoli a Manolo y a los meseros presos, cuando la policía tocó el timbre de su casa. La chica de servicio fue a abrir y los dejó pasar. Jacqueline, que apareció semidesnuda, pues se estaba cambiando de ropa, se enfrentó a los agentes pidiéndoles que le enseñaran la orden de aprehensión o de cateo. Los agentes dijeron que debía acompañarlos aun cuando no tuvieran ningún papel. Jacqueline subió corriendo las escaleras para ponerse un pantalón. Hasta allá la siguieron para detenerla; la obligaron a bajar las escaleras a empujones, mientras ella se aferraba al barandal. Finalmente, la sometieron y la llevaron a la agencia del Ministerio Público, donde trataron de forzarla a que firmara una declaración, también prefabricada. De acuerdo con ésta, Manolo Fernández le habría advertido de la existencia de las drogas en el hueco de la escalera de la discoteca, y ella habría roto los sellos y entrado al lugar con sus empleados para sacarlas. Jacqueline se negó rotundamente a firmar y los policías le pegaron en la sien, dejándola momentáneamente sorda. Luego llevaron a Manolo Fernández a la sala donde ella estaba. Sacaron sendas pistolas, les apuntaron en la nuca y les ordenaron que firmaran la declaración que los inculpaba. Manolo estaba terriblemente asustado; le rogó a Jacqueline que firmara, diciéndole que ya luego los abogados se encargarían de enderezar las cosas. Pero ella no quiso firmar una mentira y pidió a los agentes que dispararan. Petit contó que Manolo se orinó en los pantalones, pero que ella nunca firmó la declaración.

El diario *El Gráfico. Tribuna del Pueblo Guerrerense* publicó el 10 de febrero:

Cayó presa la Reina del Jet Set. Clamando inocencia y mostrando huellas de golpes, compareció ayer ante el juez de distrito Jacqueline Petit, quien se encuentra acusada de quebrantamiento de sellos oficiales. Al comparecer ante el juez, la detenida llorando manifestó que todo era una calumnia y que los golpes se los infirió Calzada.

Diario Impacto, 14 de febrero:

Le dictaron auto de formal prisión a Jacqueline Petit. Hubo suficientes pruebas y se dictó auto de formal prisión a la famosa estrella del *jet set* de Acapulco. El dictamen del juez inquietó a la dama quien obtuvo la nacionalidad mexicana en 1971 y sólo dijo: "Esta resolución quedará sin efecto pronto. Recurriré a la apelación". Sumamente nerviosa y demacrada, y consumiendo cigarrillo tras cigarrillo, pidió al director del centro de readaptación social que nadie la molestara; sin embargo, la Petit pidió entrar al sitio donde están los teléfonos de los reclusos y allí largo rato procedió a efectuar numerosas llamadas casi a gritos.

El Sol de Acapulco, 15 de febrero:

La Petit dice que hablará ante la prensa extranjera. Jacqueline Petit apeló contra el auto de formal prisión dictado en su contra. Es posible que el próximo viernes denuncie a la prensa extranjera las arbitrariedades de que fue objeto. Para Petit, el día de ayer fue distinto a los que ha pasado en prisión porque los reclusos celebraron su onomástico y cantaron con ella, donde además se brindó por el día del amor y la amistad.

¿Por qué las autoridades decidieron clausurar El Nueve y encerrar a sus dueños? Descartando el asunto de que allí, en verdad, hubiera drogas, una de las teorías más populares entre los involucrados es que el cierre en realidad estuvo dirigido contra Arturo Acosta Chaparro, para implicarlo en un asunto de narcotráfico. Así lo muestra vehementemente la experiencia de Antonio Caracas, a quien pedían que involucrara al temible jefe de la policía en su declaración.

Jacqueline Petit, que me dio el expediente judicial en uno de nuestros encuentros en su casa de Las Cumbres, me dijo que el asunto también podría haber tenido un tinte homofóbico. Enfurecida, en alguna ocasión acusó al fiscal federal Ramón Calzada de ser un homosexual de clóset. Petit también creía que se metieron con ella para sacarla de lo público y que dejara de hacer ruido con los secretarios de Estado en la ciudad de México. Finalmente, Henri Donnadieu ha llegado a pensar que la acción judicial pudo haber estado dirigida contra la misma Petit, que por aquellos días estaba desbordante, presumiendo su amistad e influencia con los políticos locales y las celebridades internacionales, saltando, como la pinta Garibay, de su restaurante a su bar, y de ahí a las fiestas en su casa, en una noche interminable. La cercanía de Petit con algunos políticos, su carácter abierto y seguro, su actitud libre hacia la sexualidad propia y ajena, y sus incesantes monólogos la hacían también una figura controvertida. Las malas lenguas dicen que Jacqueline podía conseguir "todo" lo que quisiera en Acapulco: muchachos, muchachas... e información confidencial sobre los encumbrados hombres en el poder que ella frecuentaba.

Jacqueline se acomodó en la cárcel de la mejor manera posible. Gracias a su amistad tan cercana con el presidente municipal, Febronio Díaz Figueroa, consiguió instalarse en el reclusorio de hombres, en un cuarto con aire acondicionado y teléfono, donde dormían Manolo Fernández y Antonio Caracas. Hay una foto donde está recostada en la cama de ese cuarto, vestida de blanco, con una bolsa promocional a su lado que dice "El Nueve Disco-Bar, México-Acapulco". La foto muestra un buró donde están apilados varios libros: una biografía de Sinatra, una de Onassis y *Disco*, de Albert Goldman, uno de los primeros relatos sobre el origen de esta música y el movimiento que generó, escrito a finales de los años setenta.

Petit también conseguía darse sus escapadas de la cárcel. Caracas recuerda que las autoridades los dejaban salir a pasar una velada en la casa de Las Cumbres, pero tenían que regresar a la mañana siguiente. Aquellas salidas no pasaron inadvertidas. Ignacio Ramírez, un reportero de la naciente revista *Proceso*, publicó en mayo de 1979:

> Es común verla [a Petit] paseando los fines de semana en plena Costera Miguel Alemán, a bordo de una camioneta Renault color verde, placas GZL-716, de Guerrero.
>
> "Acaso no debería estar presa?", se le preguntó a Díaz Figueroa. Y respondió:
>
> "Yo no juzgo lo que hagan los jueces, ni me interesa. Yo he encontrado siempre en ella a una amiga. Si yo me hubiera dado cuenta de que ella era traficante de drogas, tal vez nunca hubiera sido mi amiga."
>
> "Pero actualmente debería estar detenida."
>
> "Sí, señor, sigue detenida; tengo entendido que está detenida. Pero no sé qué estado guarde el proceso."
>
> "¿Y le habla desde la cárcel?"
>
> "A veces me ha llegado a llamar porque tiene un problema de oído, lo está perdiendo, y a veces... este... me ha llamado para encargarme una medicina que no puede conseguir aquí. Y me ruega que la encargue a México y le haga un servicio de ese tipo. Con mucho agrado lo he hecho."

La relación Díaz Figueroa-Petit no tendría nada de malo, ni de raro, si no fuera porque el alcalde le canceló algunas infracciones, estampando su firma en las actas 25706 y 24949, levantadas por la Oficina de Reglamentos y Espectáculos, ambas por más de treinta mil pesos.

Y de no ser también que, con esto, se extiende la leyenda negra de Acapulco en la que la Petit ha sido actora principal, en contra de lo cual está el propio presidente municipal.

El 22 de mayo de 1979, cinco meses después de su detención, Manolo Fernández salió de la cárcel luego de pagar una fianza de cincuenta mil pesos. Se le concedió la libertad condicional. Jacqueline Petit, que seguía encerrada, dio una entrevista a *El Sol de Acapulco*. Estaba muy enojada con Manolo: dijo que la defensa de Fernández había entorpecido el juicio, pues sus abogados extraviaron documentos y retrasaron los trámites. Señaló que por culpa de la declaración inicial que firmó Manolo ella estaba en la cárcel —la declaración que los acusaba falsamente de romper los sellos para ir a buscar la droga y luego llevarla a casa de Petit— y que su situación financiera era precaria y estaba a punto de hipotecar su casa, después de traspasar su participación en el Petit Rivoli.

El 20 de julio *El Sol de Acapulco* publicó que Petit había abandonado la prisión después de pagar una fianza de cincuenta mil pesos. La nota se titulaba: "Se enamoró de su celda. Jacqueline dice que volverá. Se siente mejor en la cárcel". Petit declaró: "Me siento muy a gusto, aquí no tengo problemas, y por tanto voy a pedir a las autoridades que me dejen seguir en mi departamento. Es posible que no esté tranquila en la calle y prefiero seguir presa". Pero las autoridades no se lo permitieron.

Finalmente, el 10 de septiembre de ese año, el juez concluyó que no se acreditaba la responsabilidad de los acusados, por lo que se confirmaban las conclusiones inacusatorias formuladas por el agente del Ministerio Público adscrito en Guerrero en favor de Manuel Fernández Cabrera, Antonio Caracas y Jacqueline Petit por el delito de quebrantamiento de sellos.

A finales de 2011 fui a Acapulco a pasar unas vacaciones y aproveché para llevarme el expediente judicial del caso. Quería regresarlo a su dueña, pero cuando la busqué me dijeron que la gran dama de Acapulco acababa de morir.

Capítulo cuatro

Henri Donnadieu. Para los asiduos a El Nueve, aquel francés de treinta y tantos años, que se estaba quedando calvo y llevaba unos lentes de gota, era una persona más bien indescifrable. Trabajador, sí, pero detrás de la caja del bar, mientras las estrellas del espectáculo eran Manolo y Jacqueline. No se sabía bien quién era, cómo y por qué había llegado a la ciudad de México: hablaba poco español y el Papa lo detestaba porque pensaba que era otro cazador de fortunas como Giuliano.

La mañana del viernes 25 de enero, la víspera en que las autoridades cerraron el disco-bar El Nueve, Henri Donnadieu estaba en Acapulco, extraordinariamente nervioso. Fue el mismo día, recuerda Henri, en que el papa verdadero, su Santidad Juan Pablo II, llegó por primera vez a México, se hincó en el piso y besó el pavimento del aeropuerto. Henri pasaba por una mala racha debido a problemas personales, pues había experimentado sus propios encuentros con la justicia francesa, no tenía papeles de trabajo en México y se sentía todavía perseguido, al grado de que Manolo le recomendó en alguna ocasión consultar a un psiquiatra. Luego, la actitud de Petit lo intranquilizaba mucho: llevaba instalado en Acapulco desde noviembre y pensaba que sus excesos, su personalidad desbordada e impertinente, y tanta familiaridad con los funcionarios públicos, iban a meterlos en serios problemas. Por eso, cuando Manolo llegó a Acapulco después de una corta estancia en la ciudad de México se encontró con que Henri estaba histérico y no paraba de hablar del horror que le daba el comportamiento de Petit. Tenía un mal presentimiento, era una sensación que había experimentado en otros momentos clave de su vida, profecías personales que desgraciadamente se habían cumplido. Manolo se hartó de tanta perorata paranoica y le dijo que ya no lo aguantaba: ese 25 de enero dio por terminada su relación con Henri y lo llevó al aeropuerto, para que regresara a la ciudad de México. Henri, confundido, tomó el vuelo de Mexicana de Aviación, que venía con dos horas de retraso, llegó al Distrito Federal ya entrada la noche y abordó un taxi hasta la calle de Biarritz, una cerrada en los límites de la Zona Rosa, donde alquilaba un departamento.

Como a la una de la mañana del sábado 26 sonó el teléfono de Henri. Normalmente, Manolo le hablaba en la noche para contarle cómo iba el bar y Henri pensó que, después de todo, no estaba tan enojado. Pero la persona que estaba del otro lado de la línea no era Manolo sino un empleado de la discoteca que hablaba apresuradamente y sin sentido de policías con metralletas y gente en la cárcel. Henri le pidió que se calmara. Se enteró que los agentes de la policía federal habían llegado al bar y, después de haber arrinconado y desnudado a los clientes en busca de drogas, se habían llevado a la cárcel a Manolo y a otros empleados.

Henri cayó en una profunda desesperación: no podía hacer mucho, apenas conocía el país y tenía muy pocas relaciones. En cambio, todos confiaban en que Petit sería capaz de sacar a Manolo de la cárcel: no sólo organizaba reuniones entre los otros empresarios de la vida nocturna y hablaba con las autoridades en la ciudad de México, sino que también mostraba un optimismo histriónico, llevaba a la prisión el almuerzo de Manolo en vajillas de Limoges o se presentaba vestida de largo y cubierta de esmeraldas para darle las buenas noches a su amigo antes de irse a una fiesta.

Con sus pocos recursos, Henri logró algo que los demás no habían podido: Acosta Chaparro lo recibió en su oficina en Acapulco. Durante aquella entrevista, Acosta le dijo que no lo conocía bien, pero que se merecía todo su respeto porque sabía lo duro que trabajaba. No podía hacer nada por Manolo; le advirtió que no se metiera más, porque no dudaba que las autoridades iban a ir pronto en contra de Jacqueline y, en última instancia, contra él mismo.

Dos días después, la tarde que tenía planeado regresar a la ciudad, Henri se enteró que la policía había llegado a la casa de Jacqueline y que la tenían presa. Entró en pánico y le habló a su amigo Esteban Mathison, un diseñador de ropa, personalidad conocida en el puerto, para decirle que temía que lo estuvieran buscando. Mathison le recomendó abandonar Acapulco inmediatamente: había un vuelo de Mexicana que estaba a punto de salir y hablaría al aeropuerto para tratar de detenerlo. El avión esperó y Henri pudo abordarlo. Al llegar a la ciudad, se fue directamente a su departamento para recoger algo de ropa, la metió en la cajuela de su auto, un Volkswagen Caribe, y se fue a dormir a casa de un amigo. A partir de ese día, y durante varias semanas, siguió cargando la ropa en el maletero y durmiendo en distintos lugares por temor a que lo buscaran en su domicilio.

El Nueve cerró unos días, pero Henri tenía que vivir de algo, y reabrió el bar con la ayuda de un par de amigos, un funcionario de Mexicana y un profesor del Liceo Francés. Tuvo que reagrupar a los meseros y a otros miembros del equipo que habían salido en desbandada. La gente, temerosa, no acudió al bar los primeros días, pero unas semanas después El Nueve tomó fuerzas de nuevo. Después de un par de años de vivir en México, asustado por todo lo que tuviera que ver con la justicia, Henri decidió que era momento de dejarse de tonterías, agarrar confianza y demostrar de qué estaba hecho realmente.

Henri-Raymond Donnadieu nació en la Costa Azul francesa, en Cros de Cagnes, en la comunidad de Cagnes-sur-Mer, un asentamiento de pescadores italianos que se establecieron en el siglo XIX alrededor de la capilla de Saint-Pierre, a diez kilómetros de Niza. Cagnes era un lugar encantador, con un castillo en la punta de una colina, un pequeño puerto, una playa de piedras con el canto rodado y campos de cultivo de clavel rojo, salpicados de duraznos japoneses y helechos espárragos, verdes, alargados y esponjosos como la cola de un zorro. El padre, Joseph Donnadieu, era un policía que nació en la región de Languedoc: fue un hombre estricto que sólo estudió la primaria y tuvo que trabajar desde temprana edad. La madre, Marie-Antoinette, en cambio, era una muchacha sin cultura pero con cierta gracia y aire mundano —había trabajado, por ejemplo, en la Exposición Internacional de París de 1937, donde se mostró el *Guernica* de Picasso—. La pareja se conoció a principios de los años cuarenta y ella quedó embarazada: se casaron en septiembre de 1942, cuando el bebé ya crecía en su vientre.

Henri nació en mayo de 1943. París estaba ocupado por los alemanes y, tras el armisticio de junio de 1940, hombres y mujeres patriotas de todas las clases sociales se organizaron para resistir al gobierno de Vichy y al ejército alemán. Recién casado, pero sin esperar al nacimiento de su hijo, Joseph Donnadieu se unió a la resistencia y llegó hasta Londres, donde el general Charles de Gaulle tenía su centro de operaciones. Poco después del nacimiento de Henri, Marie-Antoinette también dejó la Costa Azul y se integró a la red de Jean Moulin, otro prominente líder, a quien De Gaulle encomendó unir los distintos grupos de la resistencia. Ella trabajó en Marsella, ayudando a pasar gente del lado ocupado a África del Norte.

Henri quedó al cuidado de su abuela materna. Más que sus padres, fue ella, Josephine Cavallo Camera, quien tuvo una enorme influencia en el temperamento del niño. La abuela también era de origen humilde: su familia venía del otro lado de la frontera, de Cuneo, un pequeño pueblo cerca de Turín. Fue una mujer sin educación, pero con una gran curiosidad por la cultura, que trabajó durante muchos años como cocinera de una casa burguesa y se ganó el apelativo de la Cordon Bleu, por sus dotes culinarias. La gente acomodada de Cros de Cagnes la distinguía con regalos y otras consideraciones, y fue esa perspectiva ligeramente aburguesada, más un cariño extraordinario, lo que hizo que la educación de Henri resultara tan distinta a la que pudo haber recibido de un padre severo y una madre inexperta. Josephine le inculcó el amor por los libros —Henri fue un lector precoz— y por las películas, sus actores y sus fulgores. La abuela también se encargó de aligerar la carga que pesaba sobre un chico flaco y algo amanerado. Aunque sus compañeros de escuela lo molestaban, en casa la abuela lo mimaba y lo protegía del mundo ofreciéndole no sólo su complicidad, sino su aliento para explorar ese lado femenino.

Uno de los mejores amigos de Henri era Georges, el hijo de la nodriza de origen senegalés que lo alimentó en ausencia de la madre. Algo debió haber tenido ese pecho, porque Georges también resultó homosexual y compartió aventuras con Henri durante la infancia y los primeros años de la adolescencia. En aquellos años, la Costa Azul de Francia era un lugar de mentalidad liberal. A pesar de lo diminuto de Cagnes o de Antibes, adonde la familia de Henri se mudó, el contacto con los turistas y los marineros de todas partes del mundo, así como la cercanía con Niza y Cannes, daba mundo a los pueblerinos.

Henri tuvo su primera relación sexual con un albañil, cuando tenía nueve años; a los doce o trece años, ya tomaba el tren para ir al jardín público a ligar, y como la Costa Azul era uno de los lugares donde se encontraban los homosexuales de toda Europa, Henri conoció desde joven algunos bares gays: en Cannes había un pequeño lugar que se llamaba Zanzíbar, frecuentado por marineros, y en Cloges, Les Trois Cloches, adonde Henri veía llegar a uno de los actores famosos del momento, Jean-Claude Pascal. Por aquella época se abrió un hotelito a las orillas de Cagnes que se llamaba Chez Jean et François, tenía cuatro habitaciones y un restaurante donde se bailaba después de la cena. Jean y François eran una pareja que había abierto un sitio en Niza, pero tuvieron algún problema con la mafia local y se mudaron a este lugar, más remoto. Un día Georges cosió unos pantaloncillos muy cortos y ajustados para él y Henri, y los dos se fueron a conocer el lugar de baile de los recién llegados, que estaba al final de los campos de cultivo. Se hicieron amigos de los dueños y terminaron siendo amantes: Henri de François y Georges de Jean. Ése fue un verano de escándalos, pues además de alimentar los celos entre la pareja, los chicos adoptaron un estilo más atrevido y se paseaban por el pueblo con los pantaloncillos ajustados, despertando todo tipo de comentarios. Eran una pareja peculiar: Henri delgado y blanco, Georges rollizo y moreno. En Niza había algunos cines, además del jardín Alberto Primero, adonde Georges y Henri también iban a ligar árabes magrebíes.

A los dieciséis años Henri terminó el bachillerato con los máximos honores (su abuela asistió a la graduación vestida con un traje Chanel que le había dado una amiga: era una imagen de cómo Henri había habitado dos medios sociales opuestos), y se fue a la facultad de Medicina de la Universidad de Montepellier, una de las escuelas más prestigiosas de Europa. La elección de la carrera fue una decisión paterna, a la que Henri no se resistió porque sabía cuánto batallaba el padre para mantenerlo en la escuela, pero la verdad es que odiaba la medicina. Pasó los exámenes del primer año aunque ya no estudiaba, y ocupaba su tiempo en aventuras sexuales nocturnas. El segundo año fue aún más difícil: estaban las clases de disección, a las que

Henri tenía fobia porque le parecía que al cortar un animal estaba, de hecho, disecando a su propia abuela; pero vivía demasiado presionado por la familia para dejarlo. Toda su vida fue un estudiante modelo, no sólo para sus padres, sino también para las otras familias del pueblo, que lo admiraban y lo llenaban de pequeños regalos para paliar el estricto orden paterno que lo restringía a un par de zapatos y unos pantalones por año. Para evitar las obligaciones de la escuela, llegó al extremo de inventarse una enfermedad. Se tiraba al suelo y temblaba: es falta de calcio, dijeron, y los médicos se lo administraban en forma de tabletas, pero nunca le hicieron un examen. Con dificultad pasó el segundo año de la carrera y después de varios ataques falsos pudo convencer a los médicos y a su papá de que no debía estudiar tanto: consiguió una transferencia para la Facultad de Ciencias Políticas en la Universidad de la Sorbona.

París tampoco fue fácil: la ciudad resultaba cara y la Facultad de Ciencias Políticas no era un sitio para el primogénito de un policía. Allí estudiaban los hijos de políticos y diplomáticos franceses y los niños ricos de otras partes del mundo. Henri, en cambio, vivía pobremente en un cuarto de servicio en el Barrio Latino. Luego tomó una habitación en la Rue Saint-Denis, el centro del distrito rojo, en la casa de una prostituta. Betty era una pelirroja con una piel hermosa, muy temperamental, que pasaba de los cincuenta años y trabajaba incansablemente. Desde su cuarto, Henri observaba el movimiento incesante del prostíbulo hasta que, en una ocasión, Betty le preguntó si quería participar en un *ménage à trois*, para ayudarse. Henri también conseguía un dinero extra cuando asesoraba jurídicamente a las prostitutas ante la policía. Su breve paso por la Rue Saint-Denis terminó una noche de Mardi Gras: Henri estaba invitado a una fiesta de disfraces y se vistió de puta. Cuando Betty lo vio, se sintió ofendida y lo echó de la casa.

Ése era el París que él adoraba: la ciudad de noche, las putas y los baños públicos de la Gare de Lyon, donde ligaba hombres memorables después de la medianoche. El París de día, el de La Sorbona, lo aburría profundamente. En particular detestaba las asignaturas relacionadas con teoría política. Su interés estaba puesto en los cursos opcionales, como los estudios islámicos, adonde se había refugiado por su interés en los hombres árabes. Henri era un alumno regular, que estudiaba pocos días antes de los exámenes ayudado por dosis generosas de ron y anfetaminas; políticamente, era trotskista y miembro de la Union Nationale des Étudiants de France (UNEF), pero su ambición verdadera era viajar y conocer el mundo.

El famoso pensador Raymond Aron, profesor del Instituto de Estudios Políticos y ex redactor jefe del periódico *La France Libre*, el principal medio gaullista, fue quien le dio la oportunidad de salir de París. No sería el Medio Oriente, pero no estaba mal: le sugirió hacer una tesis de tercer ciclo sobre la implantación de una casa de cultura en Grenoble, una pujante ciudad industrial en las faldas de los Alpes. El estudio serviría para dar sustento académico a un proceso que ya estaba en marcha, pues Grenoble iba a ser sede de los Juegos Olímpicos de Invierno en febrero de 1968. Raymond Aron le abrió las puertas del Ministerio de Cultura, un aspecto clave para la elaboración del trabajo. Henri consiguió una cita con el ministro, el escritor André Malraux, quien sería su director de tesis (en el papel), y fue transferido al Instituto de Estudios Políticos de la Universidad de Grenoble, que se especializaba en estudios de Aménagement du Territoire, es decir, en la investigación de las políticas de desarrollo territorial.

Aunque en Grenoble hace mucho frío en invierno, el temperamento de los habitantes era provinciano y cálido; nada que ver con la pedantería del parisino. Además, no sólo el costo de la vida era mucho más bajo, sino que también Henri había conseguido dinero adicional para hacer la tesis y, por si fuera poco, Grenoble estaba cerca de Niza y podía visitar a sus padres con más frecuencia. Aquí, y no en París, Henri vio florecer su vida universitaria: se postuló y fue electo presidente local de la UNEF y creó un cineclub, que era una sombra de su adorada Cinemateca de París. Gracias a las actividades del cineclub, la embajada de Rusia lo invitó a un viaje por las repúblicas socialistas: estuvo en Praga, Varsovia, Kiev, Moscú y Stalingrado. También en la UNEF, Henri terminó involucrado en la campaña del socialista Pierre Mendès France, que ese año ganó una curul por Grenoble en la Asamblea General.

En medio de todo esto, Henri escribió un trabajo sobre las condiciones políticas y materiales para llevar a buen puerto la implantación de una casa de cultura en Grenoble. Al terminar la Segunda Guerra Mundial, Francia había emprendido un proyecto de descentralización política y desde que el escritor André Malraux asumió el Ministerio de Asuntos Culturales, en 1959, uno de descentralización cultural. Su misión era hacer accesibles al mayor número de franceses las obras capitales de la humanidad, creando lugares de encuentro y confrontación de la cultura con el público, entre los artistas y sus audiencias. La tesis hacía una evaluación de la actividad cultural de Grenoble y de las corrientes de opinión favorables para la implantación de la casa de la cultura, y concluía en la necesidad de crear una que girara alrededor de La Comedie des Alpes de Grenoble, una agrupación teatral de prestigio.

Un día Henri estaba leyendo *Le Monde* y vio que una universidad en Australia estaba buscando un profesor de derecho romano. Éste era el tipo de oportunidad que Henri estaba buscando para probar el mundo, así que presentó su solicitud y, después de una entrevista en el consulado australiano en Marsella, fue aceptado para el puesto. A finales de 1966 Henri y su pareja, Daniel, se embarcaron en Marsella hacia Sidney. Henri tenía un boleto de segunda, proporcionado por el gobierno australiano, y Daniel, uno de tercera clase, comprado de su bolsillo, en un barco mixto, que llevaba personas y mercancías. Iba a ser un viaje de dos meses que pasaría por el Atlántico hasta el mar Caribe, de allí cruzaría el Canal de Panamá, para luego enfilarse al Pacífico Sur. Además de la posibilidad de ver lugares lejanos, el viaje tuvo sus placeres adicionales. Los pocos pasajeros de primera necesitaban un compañero de *bridge*, y como Henri dominaba el juego —que había aprendido entre sus ricos y aristocráticos compañeros—, fue invitado a la cubierta de primera, donde pasaba el día comiendo, bebiendo y jugando. Sus buenas relaciones con los oficiales sirvieron para pasar a Daniel de tercera a segunda clase, y así fue sobrellevando la larga travesía, hasta que llegaron a los mares del sur.

Al llegar a Sidney, en febrero de 1967, Henri y Daniel rentaron un departamento por la zona de Paddington, un área de casas adosadas en hilera que había quedado en ruinas después de la segunda Guerra Mundial y que en los años sesenta comenzó a experimentar un renacimiento: era el sitio bohemio de la ciudad, y además estaba relativamente cerca de la Universidad de Nueva Gales del Sur, donde Henri impartiría clases. En principio, el trabajo debía ser sencillo: Henri tenía pocas horas asignadas, pero masticaba un acento inglés muy cerrado; aunque dominaba el idioma —lo había aprendido en distintos viajes a Londres—, los alumnos comenzaron a burlarse de él y el joven profesor sólo se ponía más nervioso y tartamudeaba. En seguida se dio cuenta de que su paso por la universidad podía convertirse en una experiencia terrible, así que decidió renunciar. El rector de esa casa de estudios le dijo que entonces debía reembolsar el viaje.

Daniel, que trabajaba en una fábrica de televisiones, le ayudó a regresar el dinero del pasaje y le consiguió trabajo en la misma línea de ensamble. Henri estaba encargado de poner el marco a las pantallas de televisión, pero la gerencia lo expulsó de la fábrica cuando quiso entrometerse en un conflicto laboral para defender a un obrero. Tomó un trabajo en una compañía de exportaciones e importaciones que pertenecía a unos judíos religiosos. Le tocó estar con ellos durante la Guerra de los Seis Días, el conflicto bélico de junio de 1967 que enfrentó a Israel con una coalición de países árabes y que terminó con la conquista de la península de Sinaí. Henri fue consiguiendo suficiente dinero para irse de Australia a Nueva Caledonia, el territorio francés más cercano, a una hora y media en avión.

La única referencia que Henri tenía de Nueva Caledonia era ésta: la última parada del barco que lo llevó a Australia fue Numea, la capital. La noche antes de zarpar hacia Sidney, Henri bajó de la primera a la segunda clase para planchar una camisa, porque estaba invitado a cenar a la mesa del capitán. Se apareció una mujer negra que le dijo en francés que él era un caballero y no estaba bien que planchara: ella estiró y alisó la camisa como una experta. La mujer se llamaba Juliette Delahayey. Era de origen melanesio, trabajaba como ama de llaves de un funcionario francés en Nueva Caledonia e iba a Sidney a visitar a dos amigas australianas que tenían un rancho en las afueras de la ciudad. Se hicieron amigos y cuando se despidieron, en el puerto de Sidney, prometieron escribirse. En una de aquellas cartas, Henri le contó que había renunciado al trabajo universitario y que estaba ensamblando televisiones para juntar dinero y regresar a Francia; Juliette le escribió de regreso instándolo a ir a Nueva Caledonia, un pedazo de Francia, donde la vida sería más sencilla.

Así que Henri llegó a Numea con veinte dólares australianos y sin boleto de regreso. Aquella noche Juliette lo puso a dormir en un gallinero, la única habitación que había conseguido para su amigo. Al día siguiente, le presentó a su patrón, George Cance, que era el jefe de seguridad de la isla, cabeza de la policía secreta. Cance lo puso en contacto con un notario, de apellido Leques, y como Henri tenía suficientes conocimientos de derecho, se convirtió en su asistente. Más tarde, tomó un segundo trabajo como gerente de una discoteca donde se bailaba el *twist* llamada La Grange.

Henri abandonó la notaría porque el Ministerio de Guerra le exigía cumplir con su servicio militar incorporándose a una unidad de paracaidistas en el sur de Francia. Henri no quería dejar la isla porque, además de perder amigos, desde el despacho notarial se había dado cuenta de que el clima de negocios era bueno y tenía la intuición de que él mismo podía hacer dinero. Se reportó con las autoridades militares de Nueva Caledonia para decirles que estaba viviendo en la isla y que quería que lo incorporaran al servicio militar local. Henri habló entonces con el coronel del campo y le dijo sin rodeos que era gay y tenía una sexualidad desbordada; el coronel no hizo más que mandar a Henri a un hospital para mantenerlo en observación. Poco después le llegó una notificación de que no era apto para el servicio militar y Henri regresó a casa, pero se encontró con que Daniel había metido a otro hombre a su cama. Allí dieron por terminada su relación.

Nueva Caledonia tenía entonces sesenta mil habitantes y vivía un periodo de bonanza debido al alza del precio del níquel, su principal exportación. Numea, que tenía poco menos de la mitad de los habitantes de la isla, hervía de gente recién desembarcada en busca de un lugar donde vivir. Henri pidió un dinero prestado y abrió un despacho inmobiliario en una de las mejores esquinas de la capital. Durante su paso por la notaría había certificado muchas transacciones inmobiliarias y se había dado cuenta del potencial que tenía este mercado. El *cabinet*

Donnadieu se dedicaba a administrar edificios, a rentar y a vender propiedades. Además, en Numea nadie había importado una práctica muy común en la Francia de los años sesenta: comercializar propiedades en régimen de condominio. Compró un terreno, pidió a un arquitecto que planeara un edificio y puso anuncios en el periódico, publicitando la novedad. En una semana ya había vendido los veinte departamentos, antes incluso de que saliera el acta del notario de la compra del terreno. Su aventura inmobiliaria le abrió la puerta a otros emprendimientos, como acostarse con muchos hombres guapos de la isla. Estaban los nativos melanesios, los vecinos polinesios, los de Camboya y de otras colonias francesas, como Martinica y Guadalupe. Estaban los franceses, los colonos establecidos desde hace varias generaciones y los recién inmigrados, que habían ido a hacer el servicio militar o, como él, que se habían arraigado por motivos económicos. A la diversificación sexual acompañó la comercial. Abrió una tienda de ropa masculina, O'Clock, y otra para mujeres, llamada Bus Stop. Inició un restaurante, Le Café de Paris, el único de la isla que estaba abierto las veinticuatro horas, y su anexo, el billar L'Académie de Billard. El Café de París fue, durante muchos años, el centro de reunión social de la pequeña isla. Henri se interesó igualmente en la edición: con una participación de treinta por ciento, fundó la compañía Noumea Diffusion, que publicaba el anuario *Le mémorial calédonien*, un libro que hacía la crónica de los eventos relevantes en el año.

En pocos años, Henri se había convertido en un personaje en la isla, un joven y audaz empresario que no sólo era gay, sino que construía condominios y juntaba en su café a lo más granado de la pequeña sociedad local: los colonos originales, los *métro* (inmigrantes de Francia como él) y los miembros de la burocracia colonial. Pero a ese café también comenzaron a asistir las cabezas de un nuevo movimiento político. Un día

Henri leyó en el periódico el artículo de un francés, Jean-Marie Le Blanc, que, como él, había emigrado a la isla. Hacía una defensa de los indígenas melanesios y del carácter multirracial de la isla. Henri había sido testigo del rampante racismo de los colonos franceses y pensó que algo se debía hacer para detenerlo. Conoció a Jean-Marie Le Blanc y terminó involucrado en la formación de la Unión Multirracial de Nueva Caledonia.

Desde que se estableció la colonia penal francesa en 1854, las insurrecciones de los habitantes melanesios habían sido frecuentes. A finales del siglo XIX, los melanesios fueron despojados de sus tierras y enviados a reservas. Los franceses los condenaron a trabajos forzados, además de limitar los viajes e imponer toques de queda. Esas reglas sólo se relajaron después de la Segunda Guerra Mundial. Más tarde hubo una migración importante de trabajadores importados: javaneses, japoneses, habitantes de las islas Salomón y Vanatú que llegaron a hacer el trabajo difícil de las plantaciones, las minas y el servicio doméstico. El auge del níquel a principios de los años setenta significó también un influjo importante de nuevos pobladores blancos franceses y polinesios. En 1953 se dio la ciudadanía francesa a todos los nuevocaledonios, sin importar su origen étnico. Los melanesios formaron una coalición con los europeos y crearon la Union Calédonienne, que quería el autogobierno para los asuntos locales. En los años setenta, cuando Henri comenzó a involucrarse de lleno, esta organización se había convertido, sin embargo, en un partido más melanesio que blanco. Apoyaba la independencia completa. Henri comenzó a ser visto no sólo como un exitoso empresario joven, sino también como un radical.

En el periodo más dulce de su exitosa racha empresarial, Henri había conseguido una línea de crédito con un par de bancos franceses (él dice que le ofrecieron más crédito del que de hecho necesitaba): la Banca Nacional de Indochina, la banca de los colonos que pertenecía a los Rothschild, quienes también eran los dueños de las minas de níquel, y la Banca Nacional de París. A mediados de 1976 los bancos reclamaron esos créditos de manera inexplicable. Primero, la Banca de Indochina pidió a Henri que liquidara sus deudas en un plazo de una semana. No habían pasado muchos días cuando Henri recibió una llamada del director de la BNP, el banco con el que Henri hacía la mayor parte de sus transacciones. Conocía bien al funcionario: le dijo que estaba muy apenado, pero que tenía instrucciones desde París de suspender su línea de crédito. Algo estaba mal. ¿Lo hacían para presionarlo por sus actividades políticas?

La prensa de Nueva Caledonia cuenta una historia ligeramente distinta. Los precios del níquel habían decaído y los banqueros comenzaron a preguntarse qué tan bien fundadas estaban las inversiones de este empresario maravilla. Le pidieron que mostrara las cuentas, pero Henri dudó en enseñarlas porque esos números estaban en un terrible desorden. Cuando confronté a Henri con esta versión, me dijo que era absurda: sus números estaban en regla. Piensa que el asunto fue más bien gubernamental. Le querían cortar el crédito para eliminarlo del panorama. Una posibilidad era meterlo a la cárcel, me dijo. La otra era matarlo. La prueba de lo segundo es que unos días después Henri manejaba su Porsche Carrera verde por la carretera que bordeaba la costa y lo llevaba a su casa. Eran cerca de las dos de la mañana, iba con su amante, Bernard Kaiser, de regreso de El Café de París. Poco después de pasar la propiedad de los Pentecost, una de las principales familias locales, Henri escuchó unas detonaciones: alguien, escondido detrás de la maleza, acababa de lanzar tres o cuatro proyectiles que estaban destinados al Porsche (Henri piensa que fue una bazuca).

Estaba muy asustado y no podía creer que lo hubieran querido matar de esa manera. Se dio cuenta de que su tiempo en la isla había terminado, así que al día siguiente hizo un baúl con las cosas valiosas de su casa —unas litografías de Dalí, los cuadros de los pintores locales Nicolaï Michoutouchkine y Aloï Pilioko, las porcelanas chinas— y las envió a la casa de la familia de Bernard Kaiser, en Estrasburgo. Hizo un cheque de veinte mil dólares de una cuenta que tenía en un banco de Sidney, tomó su auto y manejó hasta el aeropuerto. Dejó el coche en el estacionamiento de permanencias breves. En el baño del aeropuerto tomó el cheque, lo metió en un estuche de puros y se lo introdujo en el culo; luego tomó un vuelo a Sidney, dejando atrás una aventura de diez años.

Pronto, la prensa se dio cuenta del auto abandonado y de la ausencia de Henri. Comenzaron a lanzar varias hipótesis: ¿regresará?, ¿no regresará? Se hablaba del misterio Donnadieu y se insistía en que él no tenía nada qué temer. Pero con la creación de una administración provisional sobre los bienes de Henri, la cámara que agrupa a los agentes inmobiliarios decidió despejar el misterio e informar a la prensa que el BNP había retirado su garantía el 10 de agosto. Emitieron un comunicado diciendo que a partir de esa fecha Henri Donnadieu podía considerarse expulsado de la Chambre Syndicale des Conseillers Immobiliers de Nouvelle-Calédonie, un organismo que él mismo había ayudado a fundar para sanear la actividad y ofrecer a la clientela garantías profesionales. Al mismo tiempo, las autoridades ordenaron el cierre de El Café de París cuando se dieron cuenta de que no había suficientes activos para pagar al personal ni a los proveedores. Estos últimos presentaron una cuenta por diez millones de francos, unos cien mil dólares, de facturas no pagadas, la cual se sumó a los treinta y dos millones de francos que Henri le debía a los bancos. La inmobiliaria también fue cerrada. Las demandas comenzaron a caer como gotas de lluvia al inicio de la tormenta y provocaron la apertura de una investigación. Se emitió un aviso a la policía de los departamentos y los territorios de ultramar para que buscaran y atraparan al fugitivo.

Algunos amigos fieles insistían en que Henri había partido porque se asustó, que no se había llevado el dinero, simplemente ese dinero no existía; pero uno de los principales diarios se decidió por la teoría de que Henri había sacado premeditadamente el dinero y lo había enviado a Estados Unidos, a una cuenta que estaba en Hollywood, y después ese dinero se transfirió a México. De todas las hipótesis sobre el paradero de Henri, ésta parecía la más probable: se había rastreado su paso por Australia, Singapur y Tokio, y se le creía refugiado en Yucatán, porque tuvo un amante de la ciudad de Mérida, Freddy, que vivió en Numea. Los diarios lo caricaturizaron con poncho y sombrero, lo llamaron Don Adiós jugando con la grafía de "Donnadieu".

El 15 de septiembre hubo una audiencia del tribunal de comercio que sirvió para comenzar a desenredar el nudo de los capitales desaparecidos, las sociedades irregulares, los alquileres nunca pagados a los propietarios, las deudas generadas por El Café de París y los salarios sin pagar de los empleados. Pasmado, el presidente del tribunal constató que la deuda total sobrepasaba los cien millones de francos (un millón de dólares). El tribunal declaró la liquidación de los bienes de Henri Donnadieu, aunque nadie tuvo la ilusión de recuperar algo, porque esos bienes se reducían a casi nada. Henri se había llevado en un baúl los pocos objetos de valor de su casa. El Porsche Carrera abandonado en el aeropuerto estaba a medio pagar, el departamento era rentado y sólo quedaban los pocos fondos comerciales de El Café de París, pero ya estaban puestos en garantía por el préstamo de los treinta millones de francos. El presidente del tribunal informó que se iba a proceder penalmente. El diario *La France Australe* publicó su primera plana con el titular: "Se busca por cien millones", y una marca de ropa lanzó una camiseta con la cara de Henri y un letrero que decía: "Wanted $100 000 Reward". El *affaire Donnadieu* tuvo su coda a finales de septiembre, cuando el tribunal procedió a la venta de todos los bienes que se encontraban en su departamento. *La France Australe* escribió: "Tragándose la vergüenza, toda Numea andaba de la recámara a la cocina, en el barullo de las ventas y la codicia". Las cosas se vendieron como pan caliente: muebles, vajillas, libros, una colección de pantuflas finas, calzones y un sombrero de charro que alguien compró por dos mil quinientos francos.

Henri llegó a Sidney con el culo deshecho por el tubo de puros con el cheque de veinte mil dólares que escondió por temor a que se lo fueran a quitar. Se instaló en el área de Kings Cross y esa tarde se metió al cine a ver *Taxi Driver* para tratar de distraerse, pero la película de Robert De Niro, sobre un asesino serial en Nueva York, lo puso con los nervios de punta. Al día siguiente, fue al banco a cambiar el cheque con la esperanza de que no hubieran congelado esa cuenta: tuvo éxito. Esa tarde voló hacia Singapur, donde se encontró con su amante, Bernard Kaiser. Para no usar el doloroso efectivo, Henri pagó el resto del viaje con su American Express, quemando todo su crédito en los mejores hoteles y restaurantes durante el resto del viaje. Después de Singapur viajó a Tokio, donde pasó algunos días conociendo la ciudad; de allí a Los Ángeles, y terminó en el Distrito Federal.

Henri conocía México porque había pasado algunas vacaciones aquí. Llegó por primera vez en el vuelo de la línea australiana Qantas, que a principios de los años setenta conectaba Sidney con Acapulco. Aunque venía de una isla en el Pacífico Sur, Henri quedó enamorado de los colores del puerto, los jardines del Hotel Hilton donde se hospedó, sus inmensas albercas de agua dulce y agua salada con cascadas y puentes. Contrató a un chofer privado que lo llevó a conocer la ciudad de México. Se hospedó en el Gran Hotel, en el centro de la ciudad, y de nuevo quedó maravillado por los vitrales y la herrería *art nouveau* del edificio, que le recordaban París, y, en general, por la magnificencia de los edificios coloniales del Zócalo y sus alrededores.

Regresó al país un par de veces más: en 1973 llegó a la ciudad en compañía de una buena amiga. Habían ido a ver el Ballet Folclórico Nacional de Amalia Hernández en el Palacio de Bellas Artes, y de regreso al recién abierto Hotel Fiesta Americana, frente a la glorieta de Colón, ella subió a su habitación, mientras él se quedó en el vestíbulo. Allí, mientras esperaba a que ella se arreglara, vio a un guapo muchacho que estaba hablando por teléfono: Manolo Fernández. Se ligaron, cogieron y luego salieron a cenar con la amiga. Henri y Manolo se hablaban por teléfono con alguna frecuencia y tenían sexo a distancia. En 1974, Henri regresó a México y se encontró con que Manolo había conocido a un italiano, quien estaba abriendo un restaurante. Un año después, en su siguiente visita, el restaurante estaba en decadencia. Finalmente, a mediados de 1976, Henri llegó a México desde Los Ángeles, sin avisar a nadie, porque estaba huyendo, con la esperanza de encontrar a Manolo y pedirle que lo ayudara. Pero Manolo estaba en Francia con Jacqueline Petit y el príncipe Timinoff, dándose la gran vida en el departamento del Hotel George V.

Desesperado, sin más amigos en la ciudad, partió hacia Colorado, un sitio del que sabía muy poco, pero cuyo nombre tenía una sonoridad prometedora: sus estaciones de esquí le resultarían familiares por sus años en Grenoble. Henri llegó a Vail con la urgencia de comenzar a trabajar y hacer algún dinero, pues había pasado más de un mes del escape y no podía seguir financiándose con su American Express. Se instaló con Bernard, compró un pequeño restaurante con el efectivo que conservaba y esperó el inicio de la temporada alta de invierno. Ese año, por cierto, la nieve fue muy escasa y el turismo casi nulo. Fue allí donde lo encontró Manolo. Henri le había enviado cartas explicándole su aventura. Cuando Manolo llegó finalmente a Vail, encontró que la fortuna de su nuevo amor caledonio había cambiado radicalmente. Lo primero que le aconsejó Manolo fue abandonar a Bernard. (La relación con él se había vuelto insoportable. Bernard llevó a vivir con ellos a una mujer que trajo de Francia, la convivencia se deterioró y en alguna ocasión estuvieron a punto de llegar a los golpes.) Manolo le propuso regresar con él a México: no sólo estaban enamorados, sino que quería hacer algo con el fallido Le Neuf y Henri sería un compañero perfecto para esta aventura. Henri vendió el restaurante de Vail, abandonó a Bernard y llegó a México con la poca fortuna que le quedaba: un anillo de Cartier, un reloj Patek Philippe de oro y otro Piaget de platino con lapislázuli, más una cadena de oro.

Se fue a instalar con Manolo en la colonia Nápoles, en la casa de una tía. Pero pronto fue evidente que la convivencia iba a ser un pequeño infierno, así que se fue a vivir a la bodega de Le Neuf, en el pasaje comercial de la calle de Londres. Fueron días aciagos, porque Henri no estaba bien: vivía en un constante estado de ansiedad, estaba paranoico, se sentía solo, había perdido toda su fortuna, no tenía amigos y no hablaba español. Soñaba recurrentemente que estaba en la isla, atrapado, y tenía que escapar. El dilema era cómo. El sueño le hacía pensar si había sido una buena idea venir a México.

Henri se hizo cargo de la caja del bar. Desde allí, se dio cuenta de que el verdadero genio del sitio era Óscar Calatayud y su fantástica capacidad para manejar los hilos de las celebridades del momento y combinarlos con lo más granado de la sociedad gay. También se dio cuenta de su gran defecto: Calatayud bebía a la par que sus comensales y muchas noches terminaba borracho, hasta el copete de cocaína, rodeado de muchachitos muy jóvenes, a quienes invitaba la champaña más cara a cargo del bar. Cuando se hacían cuentas para repartir las utilidades, era frecuente encontrar que Calatayud debía más de lo que había ganado. Henri también estuvo cerca de la apertura de El Nueve en Acapulco. Vio de nuevo cómo funcionaba la mente de Calatayud, su gran instinto y su capacidad de dar vida a una discoteca gay en uno de los sitios turísticos más famosos del mundo, y también fue testigo de sus juergas y sus muchachos, que lo acompañaron hasta allá.

La primera prueba de fuego de Henri en aquella sociedad fue deshacerse de Guillermo Ocaña. Los involucrados no lo consideraban un socio necesario. Ocaña se había ido un jueves a Veracruz a enterrar a su padre, que había muerto repentinamente de un infarto. Cuando llegó el lunes, Henri lo mandó llamar y le dijo en un español todavía muy fracturado que por haber faltado el fin de semana la sociedad se debía terminar. De parte de los socios, le dio el dinero que le correspondía por sus dividendos. Llegó la hora de dejar fuera a Óscar Calatayud. A veces estaba tan borracho y tan drogado, que hacía juntas sin sentido durante las primeras horas de la mañana. Henri habló con Manolo sobre la conveniencia de despedir a Calatayud y terminaron por comprarle su participación en la sociedad. Con Ocaña y Calatayud fuera del negocio, y Manolo y Jacqueline en la cárcel, un día Henri tuvo frente a sí la responsabilidad de sacar adelante el bar. Era la hora de quitarse paranoias y depresiones. A lo mejor podría dar forma a una idea que arrastraba desde sus días en Grenoble: ¿podría un bar convertirse en una casa de la cultura?

Capítulo cinco

El mes de la reapertura, El Nueve estaba lleno otra vez. Una de las primeras cosas que hizo Henri fue instaurar de nuevo la costumbre de entregar un premio, el Nueve de Oro, y organizar un coctel todos los miércoles, que a veces coincidía con el premio. Había barra libre de ocho a diez de la noche y no se cobraba la entrada. Henri organizó los premios con la ayuda de un periodista de espectáculos, Pedro Armando Martínez, PAM, que había llevado la prensa del bar desde el principio. PAM era gay: lo apodaban la Bella Otero; tenía la tez blanca y a Henri le recordaba un poco a Truman Capote, por su complexión robusta y su estatura corta. Fue amigo de Calatayud, pero pronto adoptó a Henri como personaje de sus crónicas, algunas de ellas fantasía pura, pues PAM le inventaba a Henri una vida de hada. Las ficciones servían para alimentar la narrativa de El Nueve como un lugar único y glamoroso, como lo hacía también el premio, reseñado profusamente por otras publicaciones gracias, siempre, a su diligente intervención.

En junio de 1979 la compositora Lolita de la Colina entregó un Nueve de Oro (una placa con un nueve dorado) a la cantante de origen cubano Olga Guillot por sus treinta y cuatro años de carrera artística. Según *Novedades*, este premio lo otorgaban los tres mil socios que integraban El Nueve, entre quienes figuraban "pintores, poetas, escritores, deportistas, empleados, artistas, periodistas, etcétera". Aquella noche Guillot anunció su pronto retiro definitivo del mundo artístico —que no sucedió sino muchos años después— y eso provocó algunas notas. Según otra crónica, estuvieron presentes la cantante de origen chileno Monna Bell y las actrices mexicanas Raquel Olmedo y Lorena Velázquez, así como la representante de Guillot, Fanny Schutz, quien le regaló un collar con la estrella de David en jade, una joya de la familia, que la cantante se puso inmediatamente.

En septiembre, Henri organizó una fiesta de disfraces con el tema de los años veinte, que también fue ampliamente reseñada en las páginas de sociales, y un mes después el escritor Carlos Monsiváis entregó otro Nueve de Oro a la actriz Carmen Salinas por su papel en la película de Arturo Ripstein *El lugar sin límites* (1977), sobre un travesti arrasado por los prejuicios de un pequeño pueblo. Su actuación le valió el premio a la mejor actriz de reparto de la asociación de cronistas de espectáculos de Nueva York, una asociación de periodistas latinos. En un juego de espejos, El Nueve quería reconocer este galardón. En noviembre de ese año, la violinista de formas prominentes Olga Breeskin fue considerada la *vedette* del año y recibió otro Nueve de Oro de manos de la actriz Silvia Pinal. El maestro de ceremonias de la entrega fue el actor de telenovelas Carlos Bracho. La Breeskin llegó tres horas tarde: cansados de la espera, algunos periodistas se retiraron del evento y publicaron notas quejándose de su impuntualidad, pero eso no impidió que la fiesta también fuera ampliamente reseñada.

El primer premio que se entregó en 1980 fue para el cómico mexicano Mauricio Garcés y para la rubia Claudia Islas, que protagonizaban una comedia de mucho éxito, *Hola, Charlie*. Una nota de Fidel Samaniego de *El Universal* hablaba de la verdadera naturaleza del lugar: "Subir las escaleras para llegar al local oloroso a todas las lociones, y abrir bien los ojos porque en el interior del mágico lugar de la Zona Rosa se ha dado cita lo más exclusivo de la onda 'gay' en México, los integrantes del Club El Nueve..." Los padrinos de la ceremonia fueron la actriz Silvia Pasquel, hija de Silvia Pinal, y el actor Julio Alemán. Claudia Islas no fue a la fiesta, pero Garcés se pasó la noche junto a la barra conversando con quien se le acercara.

A mediados de año, los socios del bar entregaron otro Nueve de Oro a la cantante Nacha Guevara, elegida como la *vedette* de 1980. El evento tuvo tintes políticos, pues la cantante argentina estaba exiliada, después de que en 1975 estalló una bomba en el estreno de *Las mil y una nachas* en un teatro de Buenos Aires. Hubo dos muertos y varios heridos. Guevara, que pasaba la mayor parte del tiempo en España, estaba en México presentándose en el Salón Stelaris del Hotel Fiesta Palace. Momentos antes de que el premio fuera entregado, Guevara anunció que no volvería a su país mientras estuviera gobernado por la dictadura y dijo que se preparaba para montar en México la ópera rock *Evita*, estrenada en Londres en 1978. La entrega estuvo a cargo de Silvia Pinal, que en esa ocasión estaba peinada con muchos rizos y muchas trenzas, a la Bo Dereck en la película *10, la mujer perfecta*. Pinal y Guevara se dieron un efusivo abrazo, mientras la concurrencia aplaudía o silbaba, pidiendo silencio para escuchar lo que decían las actrices. Otros coreaban que Guevara cantara una canción, pero ella se disculpó diciendo que debía cantar más tarde. El lugar estaba completamente lleno. Una de las personas que más captó la atención fue Xóchitl, que llegó vestida de negro y acompañada de su séquito.

Por aquellos días en que El Nueve volvía a florecer, sucedió algo muy extraño. Después de estar durmiendo en casa de amigos, con su ropa en el coche, Henri se había mudado a vivir a un apartamento cerca del Bosque de Chapultepec, en la calle 16 de Septiembre. Una tarde que bajó a la calle fue atacado por un hombre que lo hirió con un picahielo, le dio dos punzadas, una en el cuello y otra en el costado, y luego salió corriendo. Henri cruzó la calle herido y entró a la famosa cantina El Mirador para pedir auxilio, pero no consiguió conmover a los meseros, que sólo se quedaron viéndolo, espantados. Recordó que había un hospital cercano y decidió regresar a su departamento, con esfuerzos subió dos pisos, entró, recogió las llaves de su auto y bajó para tomar el coche hasta la clínica localizada sobre la avenida Chapultepec, pero se encontró con que estaba en demolición. Entró a una farmacia vecina y el empleado pidió una ambulancia que lo llevó al Hospital General Xoco, un nosocomio público en el sur de la ciudad. Cuando entró a la sala de urgencias, el pulmón ya se le había colapsado y decidieron operarlo allí mismo.

Manolo y Jacobo Furszyfer, un amigo médico, llegaron al Xoco a tratar de llevarse a Henri a un hospital privado, para darle una atención más adecuada, pero los médicos no dejaban que Henri saliera hasta que tuvieran una orden de la fiscalía. Después de todo, había sido víctima de un crimen. Furszyfer era médico del presidente José López Portillo y logró blandir sus influencias para llevarse a Henri al Hospital Inglés, uno de los mejores de la ciudad. Lo último que recuerda Henri es que Furcyfer le dijo que no le gustaba lo que le habían hecho en el Xoco, que le iba a poner antibióticos de amplio espectro. Despertó tres días después. Cuando salió del coma, vio a Manolo, al doctor y al Papa encima de él. Estuvo dos semanas en el hospital.

El día que regresó a su casa, alrededor de las dos de la tarde, tocaron a la puerta: la chica del servicio atendió la llamada y un hombre le entregó un casete para el señor. Una voz en la grabación sentenciaba que Henri podía preparar su funeral, pues la persona que lo había mandado matar no había pagado por un trabajo inconcluso. Henri debía pagar cincuenta mil dólares, de lo contrario lo matarían; pero si pagaba, le darían el nombre de quien había ordenado su asesinato. Había que acudir de inmediato a una dirección en la colonia Doctores. El Papa aportó el dinero, que fue enviado por medio de un intermediario, y los matones cumplieron con su promesa revelando el nombre de la persona que ordenó la ejecución de Henri: Óscar Calatayud.

Además de los cocteles y el premio, Henri introdujo otra modificación importante: quitó la decoración que quedaba del restaurante, las mesas y las carpas del pabellón de caza, y le dio al sitio un aspecto más parecido a un bar. Y un nuevo tipo de música entró a escena, a cargo de un aspirante a DJ improbable, casi un adolescente, que ocupó la cabina a falta de una mejor opción.

Se llamaba Juan Gerardo Peña, pero le decían Barry por su cabello rubio, sus ojos cansados y su cuerpo esbelto, que le daban un aire a Barry Manilow. Apenas alcanzaba los veinte años. No era DJ pero se la vivía pegado a los profesionales que mezclaban música en las discotecas. En una ocasión Barry estaba en la cabina del DJ Miguel Barragán, que tocaba en el Adagio, un club en el sur de la ciudad. Emma Peralta, la dueña del sitio, se acercó a él y le dijo que allá tenía una admiradora: se trataba de una mujer casi veinte años más grande que él, la cantante chilena Monna Bell. Esa noche se fueron a la cama e iniciaron una relación.

Monna Bell, asidua de El Nueve desde sus inicios, presentó a Barry con Manolo y Henri. Donnadieu no se acuerda cuándo pasó esto; Barry dice que fue en una fiesta en Acapulco, después del escandaloso cierre de la discoteca. Barry le dijo a Henri que le gustaría poner música en el bar. Henri, que estaba tratando de echar a andar las cosas de nuevo, lo citó en la ciudad de México. Barry debió haber llegado a El Nueve en algún mes de 1980. Como no sabía mezclar bien, entró con una actitud humilde a sustituir al mesero que ponía la música, hasta que alguien le enseñó a combinar el beat de dos discos para mezclarlos. Barry tocaba música disco, aunque no fuera completamente de su gusto. Sus tendencias musicales pastaban más bien en los prados del rock que estaba desbancando a la música disco con la máscara del new wave. Además, según Barry, el rock tendría el efecto de atraer a algunas mujeres a la cabina del bar. Poco a poco comenzó a domesticar el gusto musical de la audiencia a la que, como a una bestia, había que acercarse con calma hasta poder acariciarla. El rock estadounidense, el español y el argentino, el new wave, el punk y las nuevas experiencias techno abrieron las puertas del bar gay hasta que lo convirtieron en uno de los lugares más famosos para escuchar las novedades musicales.

En aquella época los vinilos importados eran un lujo: no había muchos lugares dónde comprarlos y pesaban sobre ellos abultados impuestos. Pero Henri le dio a Barry un presupuesto generoso. Con el tiempo, Barry fue mejorando como DJ y terminó mezclando música hasta con cuatro canales abiertos. Se hizo famoso y su vida se convirtió en la de un pequeño rockstar, incluidos el pelo largo y la actitud distante, la cocaína, los *after-parties* y el alcohol. La cabina tenía un desván donde Barry guardaba sus botellas y todas las noches comenzaba a beber como a las nueve para terminar a las siete de la mañana.

Cuando Barry dejó El Nueve, en 1986, la reputación musical del sitio estaba bien establecida. (Los siguientes DJ llegaron mejor formados. Uno de ellos, fue Claudio Yarto, que luego se hizo famoso en el grupo de rap Caló). No es que El Nueve fuera el único lugar donde se podía escuchar esta clase de música. En esos años aparecieron excéntricas discotecas, como el Magic Circus, que abrió en 1982 a las afueras del Distrito Federal, o el Vogue, en el sur. Eran lugares fastuosos, donde cabían más de mil personas. Pero esas discotecas expusieron a toda una generación a la humillación de tener que rogarle la entrada a un cadenero; eran clasistas y también racistas: heterosexuales, normales, fresas.

Tampoco es que el barecito gay de la Zona Rosa tuviera las puertas abiertas a cualquiera. Tenía su propio método de selección en la entrada, pero estaba basado en el criterio de darle el centro no sólo a los homosexuales sino a mucha otra gente rara y atractiva de la ciudad.

El encargado de las relaciones públicas era un travesti de casi dos metros de altura. Se llamaba Jaime Vite y su presencia fue otro de los cambios que introdujo Henri después de hacerse cargo. Jaime era del noreste del país, de Tampico, y había llegado a la ciudad de México a mediados de los años setenta. Uno de sus mejores amigos en la ciudad era Federico Mendiola, también de Tampico, pareja de Óscar Calatayud, quien lo contrató como anfitrión en el D'Val, en 1976. Henri conoció a Vite en el memorable coctel a Lola Flores, adonde llegó vestido como Josephine Baker. Vite era tan alto y el tocado era tan amplio, que no podía pasar por la puerta: eso impactó a Henri. Más tarde, Henri lo encontró como administrador del Gallery, de Acapulco, el bar travesti que estaba frente al discobar El Nueve. Saliendo del trabajo, Jaime se iba a El Nueve a pasar el resto de la noche, porque cerraba mucho más tarde que el Gallery. Se hicieron muy amigos; tanto, que cuando se clausuró El Nueve de Acapulco una de las pocas personas que estuvo con Henri fue Vite —Henri contó que el otro que apoyó a los muchachos y les mandó dinero a la cárcel fue el cantante Juan Gabriel—. Vite acompañó a Henri a declarar al Ministerio Público, cuando nadie se quería meter en el asunto por las acusaciones de tráfico de droga. Ese día, por cierto, las autoridades les enseñaron una colección de fotos tomadas en la discoteca que mostraban a muchos clientes en situaciones comprometedoras. Por ejemplo, había una serie sobre Grace Jones casi desnuda. Las fotos las había tomado una mujer infiltrada en el servicio de la discoteca.

Cuando Jaime se quedó sin trabajo por un problema con los dueños del Gallery, Henri lo invitó a la ciudad de México. Jaime era alto, moreno, atlético, de barba cerrada, pelo en pecho, pero andrógino. Tenía una presencia amable y usaba collares largos que colgaban encima de un caftán de colores. Era muy sonriente, pero también podía ser despiadado si alguien no le gustaba porque se había excedido la noche anterior o no tenía el look adecuado. En la puerta de El Nueve conseguía mezclar a los homosexuales pioneros del lugar con travestis de todas las extracciones que llegaban al amparo de Xóchitl —una de sus mejores amigas—, gente del mundo del espectáculo, que también estaba en la combinación original, y, poco a poco, gente de toda índole, intelectuales, artistas, chicas y chicos guapos, chicas y chicos de mundos raros: punks, *new romantics* y chacales, como se llama en la ciudad de México a los muchachos guapos de clases populares. Henri siempre ha pensado que el éxito de un lugar depende de un gran personaje. Él se considera afortunado de haber tenido dos: Xóchitl, una mujer poderosa e impactante, y Vite, que era como la hija de la Xóchitl: muy alto y muy extravagante. La Vite no dejaba a la gente indiferente.

Jaime desplegaba su persona con gracia y autoridad. En un punto a Henri se le ocurrió usarlo como conductor de algunos espectáculos de El Nueve. El primer show que idearon fue uno en el que Jaime aparecería vestido como Divine. De alguna manera, los dos eran muy grandes, o como dijo alguien, Jaime era "dos putos y medio". Jaime también caracterizó a Marilyn Monroe y a Evita Perón: no se trataba de simples imitaciones, o de sincronizaciones labiales, sino que eran una especie de performances con algo de improvisación, vestuario vistoso, maquillaje y escenografía.

En la noche, Jaime brillaba. Según sus amigos de la época, mucha gente lo saludaba, le daba abrazos, besos, dinero, cocaína, conectes, tarjetas de presentación, nalgadas o le agarraba la verga. Jaime siempre estaba radiante. Hay un video, por ejemplo, del noveno aniversario de El Nueve, que muestra su presencia en escena. Se ve que el bar ha sufrido una nueva remodelación, esta vez inspirada en el estilo Memphis: en el primer salón había dos barras largas, colocadas a la mitad del espacio, con tubos dorados que sostenían un capitel rojo, verde, dorado y blanco; el segundo salón tenía muros en mármol falso de color rosa, de donde colgaban cortinas de lamé dorado. Al pie de uno de los muros había una gradería donde la gente se paraba a bailar, pero lo más importante era el estrado, donde estaba la cabina del DJ, que era una gran ventana enmarcada por otras columnas doradas, capiteles de colores y más lamé. Ése era precisamente el estrado donde se hacían las representaciones de Jaime.

Es enero de 1986, el año en que se celebró el Mundial de Futbol en México. Se acababa de anunciar que la mascota del evento internacional sería un chile con bigote y sombrero mexicano, al que le llamaron El Pique, y la gente no dejó pasar las referencias sexuales de este símbolo. Un video registra la fiesta de aniversario de El Nueve. La cámara se pasea entre los invitados: jóvenes y viejos, gente glamorosa y tipos vestidos como burócratas, con hombreras, peinados abultados, flecos y *mullets*, corbatas de moño, camisas abotonadas al cuello, crucifijos, satines de colores vibrantes y lápiz labial de rojo intenso. La cámara enfoca hacia la cabina del DJ, donde se ve a Barry mesándose el cabello largo y abundante, que le cubre las orejas y llega hasta los hombros: parece una estrella de rock, tiene los audífonos alrededor del cuello y habla con una guapa rubia con el pelo cortado como la cantante Joan Jett. Se escucha "What's Love Is Got To Do with This" de Tina Turner. La gente mueve la cabeza y sincroniza los labios con la canción. Entra Xóchitl, que besa y saluda a gente a su paso. Luego suena "Tarzan Boy" de Baltimora, un grupo de new wave italiano:

> Ooo ooo ooo ooah
> Ooo ooo ooo ooah
> Night to night
> Gimme the other, gimme the other.

La gente se agita más. La cámara busca personas con onda: una chica con velo, un pelón de lentes oscuros y camisa con una planta de mariguana bordada en lentejuelas verdes, un travesti con la peluca rubia, una chica con el cabello pintado de azul, la chica de azul que baila contra la pared. Jaime Vite aparece momentos antes de su espectáculo luciendo un *body* de chaquira rojo, azul, amarillo y negro. Ya no cabe un alfiler y algo se prepara en el escenario. Se apagan las luces y entran a escena los meseros de El Nueve vestidos con los uniformes de los equipos que participarán en el Mundial. Bailan una canción escrita para la ocasión por la compositora brasileña Denisse de Kalafe. Aparece Jaime cubierto como un chile serrano con sombrero. Canta:

> México amigo y valiente,
> por unir a tanta gente
> por la fantasía del futbol.

Es una manera gay de darle la bienvenida al Mundial. La gente grita y aplaude delirante.

Otro espectáculo memorable en más de un sentido fue la noche que Vite se vistió como Lady Di: era el verano de ese mismo año y el Mundial estaba en su apogeo. Henri había decidido que, durante el Mundial, dedicaría una noche a algún país participante, y al día siguiente jugaba Inglaterra. Henri y Vite habían ido con el diseñador Tony Chávez para que Vite se hiciera un traje. Henri pensaba que lo mejor y más divertido era un traje sastre, que quedó a la perfección. Esa noche, Vite llegó al bar montado en un Rolls Royce, que era de Jaime Pedrero, escoltado por motociclistas. Vite bajó frente al bar, donde saludaría a la gente y luego subiría las escaleras de manera majestuosa, pero en la entrada de El Nueve se topó con unos *hooligans* que rondaban las calles de la Zona Rosa. Enardecidos por la parodia de la princesa de Gales, atacaron a Vite, que tuvo que subir corriendo por las escaleras para refugiarse.

Aquella noche, el diseñador Tony Chávez conoció a un muchacho con el que estuvo conversando toda la noche y con el que salió del bar. Lo encontraron a la mañana siguiente, muerto, en un cuarto de hotel. Cuando Henri se enteró del asesinato, quiso ir a declarar, pues él había visto al muchacho; le había llamado la atención, incluso se acercó con ellos para conversar e invitarles un trago, para ver de quién se trataba. Los amigos de Henri pensaban que estaba loco, que lo mejor era quedarse callado: en el México del PRI se fabricaban culpables con mucha facilidad y, si Henri se presentaba en el Ministerio Público, se arriesgaba a que lo inculparan. Con todo, Henri se presentó a declarar y los policías lo llevaron a la colonia Del Valle, donde estuvo muchas horas con un artista que hizo un retrato hablado del asesino. Los investigadores también le enseñaron un álbum donde estaban fotografiadas otras escenas de crímenes pasionales relacionadas con los homosexuales, para ver si podría ayudar a identificarlos. Uno de ellos era un sacerdote al que Henri conocía, otro era Óscar Calatayud. Henri pensó: "Pinche

Óscar, mira dónde te vengo a encontrar". La carrera de Calatayud no se recuperó desde su salida de El Nueve. Se supone que le había dado un tumor en el cerebro y que se había quitado la vida, pero la policía tenía otra versión. Calatayud yacía junto a un sofá, con una pistola al lado; no estaban sus huellas en el arma y sus manos dieron negativo en la prueba de rodizonato de sodio: a Calatayud lo asesinaron.

Capítulo seis

Con el sitio funcionando a tambor batiente, Henri decidió en algún momento de 1984 que los martes estarían dedicados a un cineclub, asunto que le era familiar por sus años a cargo de la cinemateca estudiantil de Grenoble. Su socio en esta empresa fue Xavier Labrada (secundado por el crítico de cine David Ramón, autor de una biografía de Dolores del Río), que entonces programaba la barra de películas de Televisa. Labrada viajaba a Cannes todos los años y estaba muy al tanto de las novedades, además, coleccionaba videos, que entonces eran una innovación tecnológica extraordinaria. El Nueve compró un reproductor y un proyector, y con las cintas de Labrada se armó una programación de cine de arte. No se cobraba la entrada, porque habrían violado la propiedad intelectual de las películas: uno iba al cineclub de El Nueve por invitación.

Aunque no era la norma, algunas películas tenían tema gay, y casi todas habían sido dirigidas por gente joven: los organizadores programaron las primeras películas de Pedro Almodóvar, Gus Van Sant y Mike Newell (el británico que luego dirigió *Cuatro bodas y un funeral* y *Harry Potter*, entre otras). Rainer Werner Fassbinder dejó sin aliento a la audiencia de El Nueve con *Querelle de Brest*, basada en la novela de Jean Genet, que narra la relación homosexual de dos asesinos, y la gente pudo hablar personalmente con el cineasta español ganador de un Oscar, Néstor Almendros, que presentó por primera vez en México *Conducta impropia,* su documental sobre la situación de los homosexuales y los campos de concentración en Cuba.

El cineclub terminó poco más de un año después, en medio de un escándalo. Fue a propósito de la exhibición de la película de Jean-Luc Godard *Yo te saludo, María*, de 1984. María es una muchacha que se embaraza inexplicablemente, pues nunca se acostó con ningún hombre, y eso causa gran conmoción a su alrededor. La película fue boicoteada por los católicos en todo el mundo, y estaba prohibida en México. En El Nueve se exhibió sin mayor aspaviento, pero unos días después apareció una nota en el *Unomásuno* que señalaba que el bar había desafiado a la Iglesia y a la Secretaría de Gobernación. La semana siguiente se iba a presentar el documental *The Times of Harvey Milk*. El delegado de la Cuauhtémoc mandó llamar a Henri, le dijo que se olvidara de su jueguito y mandó clausurar El Nueve por unos días. El cierre del cineclub se cableó internacionalmente debido a la atención que generaba la película en cualquier parte del mundo.

Además del cineclub, Henri introdujo los "murales efímeros" de la mano de Diego Matthai, que era un joven arquitecto con alguna reputación como artista abstracto y uno de los mejores amigos de Manolo. Los murales se pintaban un miércoles al mes y sustituían los cocteles dedicados a los actores del momento. Matthai invitó a artistas de moda, pero también a algunos que ya tenían una carrera construida, como Mathias Goeritz, arquitecto y pintor refugiado alemán, que había modificado el paisaje urbano de la ciudad de México con piezas de arte público. Goeritz también era autor de una de las piezas de arquitectura mexicana más significativas: el Museo Experimental el Eco, donde hubo, por cierto, un bar gay durante algún tiempo.

Otro de los murales memorables lo hizo Juan José Gurrola en colaboración con Alejandro Arango. Gurrola era una especie de artista total: arquitecto, pintor, escenógrafo, actor, director de cine y teatro, además de bebedor irreverente, persona insoportable y adorable a la vez. La gente recuerda aquel evento porque se apareció en El Nueve David Hockney, que además de ser uno de los pintores ingleses más conocidos, también era un ícono de la cultura gay por los retratos que había hecho de sus amantes y sus amigos mientras vivió en Los Ángeles. Estaba de paso en México porque el Museo Tamayo presentaba una gran exposición suya.

Existe otro video que registra la noche en que se presentó el mural llamado *Cinturón de miseria*. La cámara panea sobre uno de los cuartos de El Nueve y descubre unas figuras blancas de cartulina que cuelgan del techo, mientras que la pared detrás de la barra está intervenida por una especie de paloma blanca recortada en el mismo material. Del lado derecho se ve una composición más compleja y colorida, partes de autos y otra clase de basura industrial también están suspendidas. Un grupo de ayudantes colorea esa parte del mural: hay un tigre, un buda y una mano que sostiene un cigarro de mariguana junto a una caja de vacía de All-Bran. Entre el público se alcanza a distinguir al mismo Gurrola, con su cara redonda y su cabello negro y abundante, como un casco, así como a Diego Matthai, alto, de lentes y delgado, vestido de traje. Entran a escena Manolo, vestido con un chaleco de cuero café, y Henri, todo de negro, pelón como siempre, pero con una cola de caballo trenzada. Se escucha una cumbia en medio del barullo de la gente que ya abarrota el lugar. Aparece David Hockney junto a Gurrola. Hockney está vestido con una chaqueta de verano azul y blanca, y una camisa blanca. Su cabello rubio sobresale debajo de una gorra, lleva una corbata roja y dorada, como la bandera de España. Toma un pincel grueso y comienza a pintar unos trazos semicirculares en azul, característicos de las representaciones de agua en su pintura. Gurrola dibuja algo a su lado: "I need all this and all that", dice indicándole a Hockney que debe seguir pintando en la pared contigua. Mientras fuma, Hockney pinta una nube azul de la que sale una lluvia azul. Al final, Gurrola toma un falo de unos treinta centímetros de largo y dice: "Ahí les va ¿eh?", mientras lo coloca en medio de un retablo que tiene el mapa de la República mexicana. "Hey, ¡viva Latinoamérica, cabrones!", grita con su voz chillona. Cuando un ayudante quiere pintarlo, el falo se cae, pero lo vuelven a poner en su lugar y le rocían pintura en aerosol. Alguien dice al fondo: "Parece que tiene herpes".

Para entender mejor la entrada de Henri Donnadieu en el mundo de la cultura de la capital, para comprender cómo iba construyendo una personalidad más grande e interesante que la del animador de un bar, hay que voltear la cabeza hacia su labor como productor de teatro. Comenzó en 1982, casi por casualidad. Se enganchó porque el novio de un amigo francés, el maquillista Christian Merklen, era actor de teatro. Xavier Marc, un galán alto y moreno, tenía una obra que quería dirigir y un día invitó a Henri a comer a su casa para proponerle que fuera el productor. La obra se llamaba *Encuentra tu camino*, de John Hopkins: trataba sobre la relación homosexual de un hombre casado. Los personajes eran neuróticos, violentos, celosos, y el tono era más bien tremendista.

El montaje de la obra estuvo lleno de dificultades. La primera: ¿estaban preparados los actores para enfrentar un texto abiertamente homosexual? La peor parte la llevaba el joven actor Miguel Ángel Ferriz, gay, cuya carrera en la televisión, el cine y el teatro estaba despuntando. Miguel Ángel había leído la obra y, de hecho, le parecía un poco cursi, anticuada y estereotipada. Con todo, era él quien representaba al amante y llevaba todo el lenguaje soez y explícitamente homosexual de la pieza.

La carrera de Ferriz estaba pasando por un buen momento. Por eso, cuando leyó el texto, dudó si era pertinente hacer un papel así. Consultó con varios compañeros y le dijeron que no debía tomar ese riesgo. Corría el rumor de que Televisa estaba despidiendo a la gente gay de la empresa, pues acababa de rescindir los contratos de dos de sus principales estrellas masculinas: Carlos Piñar y Enrique Álvarez Félix, el hijo de María Félix. Los dos eran amanerados y, ciertamente, galanes poco creíbles. Además, el candidato a la presidencia del PRI, Miguel de la Madrid, había hecho campaña en 1982 proclamando una renovación moral de la sociedad. Su esposa, Paloma Cordero, pertenecía a la organización católica conservadora del Opus Dei; la tradicionalista familia Alarcón, dueña de *El Heraldo*, uno de los periódicos más importantes de México, acababa de comprar acciones de la empresa de televisión, y los actores no eran modelo de virtud cristiana. Pero Ferriz no era el único preocupado. Henri y Xavier Marc convocaron al resto de los actores para preguntarles si querían continuar: Ferriz estaba a punto de comenzar con un papel estelar en una telenovela de Televisa; Manuel Ojeda, que hacía el papel del amante, era actor de la empresa; Pilar Pellicer, la esposa engañada, había sido vetada hace años, pero su hija tenía un programa. Con todo, decidieron seguir adelante.

La segunda dificultad del montaje era que Xavier Marc no resultó tan buen director y que Miguel Ángel Ferriz era impetuoso e impaciente con la tontería ajena; se la pasó peleando durante los ensayos. A pesar de todo, *Encuentra tu camino* fue un éxito. El teatro estaba casi siempre lleno. Bruce Swansey, de *Proceso*, dijo que el montaje comprobaba la mayoría de edad del teatro en México y que era importante que una minoría pudiera presentar un "objeto cultural" que promueve la discusión de problemas generalmente excluidos. Olga Harmony, en *La Jornada*, escribió en cambio que el texto era más bien mediocre y que se sostenía en el mero escándalo de la relación homosexual, que si el triángulo amoroso hubiera sido heterosexual, no pasaría de ser una obra melodramática.

No todas las reseñas, sin embargo, eran tan responsables. Un libelo se quejaba de que obras como *Encuentra tu camino* habían convertido el Teatro El Granero, en el Bosque de Chapultepec, en un sitio de reunión de mozalbetes punk y desviados sexuales de ambos sexos que hacían que el poco público normal que allí llegaba nunca quisiera regresar. Esas personas normales "abandonan la sala a la media hora de haber comenzado la representación; huyen del exceso de majaderías, de los diálogos cargados de sexo en 99.9%, y quieren suponer que el mensaje de la obra es brindar protección al homosexual en general". Aquel periodista no era el único ofendido. Un domingo, durante la primera función, Ojeda y Ferriz estaban haciendo una escena romántica cuando escucharon a alguien gritar desde el público: "¡Pinches putos!" Vieron que una persona, un hombre mayor vestido de marino, de blanco, con sus galones, bajaba por las escaleras hacia el escenario con una pistola en la mano. Ferriz recuerda que estaba hincado en el escenario; se levantó, fue directo a él, lo agarró de la misma mano en la que tenía la pistola y lo sacó. Llamó a dos empleados que estaban en la puerta y les pidió que se encargaran del agresor. Regresó a escena. Manuel Ojeda estaba pasmado y no podía ni hablar. Ferriz siguió la representación como si no hubiera pasado nada. Fue tan natural, que la gente pensó que el marino de la pistola era parte de la obra.

La pieza llegó a las cien representaciones, pero había tan mal ambiente entre los actores que Miguel Ángel Ferriz dejó *Encuentra tu camino* al poco tiempo por una película y una telenovela. Luego Manuel Ojeda anunció su retiro. En una entrevista para *El Universal*, le preguntaron a Xavier Marc qué estaba pasando. "Yo realmente no me lo explico —decía—.

Es una obra que está llegando a las cien representaciones y hay cambios de actores [...] pues... ¡no entiendo nada!"

La segunda obra que Henri produjo fue *Orinoco*, de Emilio Carballido. *Orinoco* cuenta la historia de dos *vedettes* que se embarcan en un viaje por el río venezolano hacia un campo petrolero llamado El Porvenir, donde han sido contratadas como prostitutas. Es una metáfora del viaje de la vida, cuyo puerto forzoso es la muerte. Se trata de una de las piezas teatrales más queridas de uno de los mejores dramaturgos mexicanos. Henri se enamoró de la obra después de que la vio en un pequeño teatro de La Lagunilla. Las actrices estaba espléndidas y el director era Julio Castillo, el hombre prodigio del teatro mexicano en la década de los ochenta, con figura de Santa Clos y una capacidad única de conmover con sus puestas en escena. Henri decidió producirla en otra escala: dio un paso en una dirección más seria y comprometida con el teatro. Se hizo un montaje adecuado para el Teatro Reforma, uno de los principales de la ciudad de México, con nuevas actrices, escenografía, coreografía y vestuario. Henri invirtió tanto dinero que apareció como un empresario teatral de nuevo cuño, pues no era normal que un productor privado apoyara a un autor nacional. La mayoría de ellos era más bien mezquina y montaba piezas extranjeras, poco arriesgadas, sin imaginación. Muchos contemporáneos de Donnadieu piensan que el teatro mexicano está en deuda con él. Además del gasto en las producciones, Henri hacía cocteles fabulosos, a los que llegaban María Félix y otras celebridades nacionales, por no hablar de la inversión en publicidad. Obviamente, todo el medio teatral comenzó a voltear a verlo.

El siguiente proyecto se gestó en la mesa de Margarita Villaseñor, escritora y Premio Villaurrutia, que todos los domingos reunía a los directores y a los dramaturgos más importantes de la época. Allí estaba Carlos Téllez (director de telenovelas como *Cuna de lobos* y *El extraño retorno de Diana Salazar*, verdaderos clásicos del género). Téllez convenció a Henri de producir *Sweeney Todd, el diabólico barbero de la calle de la Horca*. Los actores fueron los experimentados Carlos Ancira y Magda Guzmán, y los noveles Edith González —hoy una de las divas de la escena mexicana— y Eduardo Palomo, uno de los mejores actores de su generación, que murió trágicamente. La obra se presentó en el Teatro Xola y, como *Orinoco*, fue un éxito de crítica y tuvo una gira por todo el país.

Pero el estrellato de Henri comenzó a declinar en el invierno de 1983. Produjo una pastorela de Margarita Villaseñor que, se supone, iba a dirigir Julio Castillo, pero no pudo llegar porque estaba al frente de una obra en Lima. El compositor, crítico musical, dramaturgo y director de escena José Antonio Alcaraz se encargó del montaje. El socio de Henri en esta empresa fue Cuauhtémoc Zúñiga, de los primeros activistas por los derechos gay. El día del estreno, Zúñiga amaneció asesinado en su auto: las autoridades dijeron que fue un crimen pasional, pues la última vez que se le vio con vida fue en el bar gay L'Baron, al sur de la ciudad de México. Nunca mandaron llamar a nadie de la obra a declarar, aunque el cuerpo de Zúñiga hubiera aparecido rodeado por los volantes que promocionaban la pastorela. Por lo demás, la obra fue un fracaso. No sólo porque el Teatro Santa Cecilia, ubicado en un barrio muy popular cerca de la plaza de Garibaldi, estaba fuera del circuito cultural y era difícil que el público entendiera una pastorela intelectualizada, sino porque otra vez hubo numerosos problemas con el elenco. Alcaraz, por ejemplo, estaba peleado con el actor Miguel Ángel Ferriz y lo dirigía sin hablarle. Según Henri, lo único memorable de aquella pastorela, además de la muerte de Zúñiga, era el ponche con alcohol que todas las noches preparaba Villaseñor.

En 1983 Henri produjo *El brillo de la ausencia*, una obra de Carlos Olmos —autor de *Cuna de lobos*— dirigida por Julio

Castillo. La obra trata sobre dos parejas de activistas mexicanos de los años sesenta, refugiados en París por razones políticas. Son mitómanos, fracasados y se inventan para sí mismos una historia heroica. Al final de la obra se revela que en realidad están encerrados en un departamento de la ciudad de México. Luego de cincuenta representaciones la obra tuvo que suspenderse por falta de público. Henri perdió mucho dinero y, sin embargo, volvió a producir *La visita de la bestia*, dirigida por Arturo Ripstein. Tuvo un éxito moderado. Por último, Henri produjo *Miss Fuego Artificial*, una pieza con el director José Luis Ibáñez. Y eso fue todo.

Poco a poco, Henri se fue desencantando del medio, no sólo porque no hacía dinero, sino también porque tuvo problemas personales con algunos de sus protagonistas. Henri dice que el dramaturgo Carlos Olmos quiso meterse con su novio de entonces, un estudiante de medicina, al que de ahora en adelante llamaré Doctor para proteger su identidad. Luego, Olmos y Téllez (una dupla que hizo las telenovelas más exitosas en la década de los ochenta) le dieron la espalda. Tuvo otro problema con el actor principal de sus producciones, Miguel Ángel Ferriz, por los derechos de una obra, *Huérfanos*, que Ferriz acabó haciendo para Televisa. Finalmente, Henri decidió concentrarse en el bar y fundar una compañía de teatro propia, un grupo de cabaret gay, que tenía a Jaime Vite como uno de sus protagonistas y a El Nueve como su principal escenario. Se llamó la Kitsch Company. También había que echar a andar dos proyectos igualmente importantes: un restaurante y la construcción de una nueva discoteca, a la que nombraron Metal.

Capítulo siete

Después de que la familia de Manolo repartió dinero a diestra y siniestra, las autoridades lo soltaron una madrugada, tras cinco meses de encierro. Regino, el menor de sus hermanos, fue por Manolo y lo llevó directamente al aeropuerto, donde tenía preparada una avioneta que voló primero a la ciudad de México, se abasteció de combustible, y emprendió el camino hacia Monterrey. Allí, Manolo y Regino tomaron un auto, manejaron hasta Reinosa, cruzaron la frontera en McAllen y siguieron hasta la Isla del Padre, donde muchas familias de Nuevo León y Tamaulipas tienen condominios de fin de semana. A las nueve de la mañana del mismo día en que salió liberado, Manolo ya estaba en Estados Unidos, lejos del corrupto brazo de la ley mexicana. Vivió ocho meses en Texas llevando una vida tranquila hasta que los abogados le consiguieron un amparo y finalmente pudo regresar a la ciudad de México. El Papa, por otro lado, estaba muy acongojado por el episodio judicial y, a manera de consuelo, decidió comprar y remodelar la casa de Dolores del Río en Acapulco para que la ocupara Manolo.

Encargaron el proyecto de remodelación a Diego Matthai, quien se encontró no sólo una propiedad en mal estado, sino también con que allí vivía la matriarca de la vida nocturna de Nueva York, Sally Lippman, *Disco Sally*, la anciana estrella del Studio 54. Matthai nunca entendió cómo la vieja llegó allí. Supone que era amiga de Manolo. Matthai pensaba que si bien la propiedad tenía una buena ubicación —estaba enclavada en una calle cerrada y tranquila en la mitad de la bahía de Acapulco—, el terreno no veía al mar. Sugirió venderla y comprar un terreno en Las Brisas, un fraccionamiento más exclusivo, trazado en las montañas y con unas vistas a la bahía que quitan el aliento. Pero Manolo no quería cambiar la propiedad, porque estaba cerca de los bares y de La Condesa, la playa gay. La casa estaba construida en un terreno de tres mil quinientos metros cuadrados, en una cañada; era una construcción de un piso, que tenía una planta curva. La remodelación se planteó, casi de manera orgánica, tomando como base el diseño de una nueva cocina en forma de semicírculo, y a partir de allí se fue modificando el resto de los volúmenes arquitectónicos. Se trabajaba con prisa y no hubo tiempo de hacer un plan general: lo que se proyectaba, se traducía en planos que llegaban a Acapulco por medio de fax.

Antes de concluir la obra, Diego y Manolo se fueron a Dallas un par de veces a comprar vajillas, manteles, toallas, sábanas. Con la casa terminada, Manolo comenzó a invitar a amigos y a conocidos a pasar los fines de semana, y daba grandes fiestas. Muchas personas que le habían volteado la cara durante los meses de encierro regresaron a beber de su vino en las copas importadas de Estados Unidos. La Villa Dolores representaba al nuevo Manolo.

No sólo la casa de Acapulco ayudó a Manolo a recuperar terreno social. Un restaurante, El Olivo, lo colocó de nuevo en el centro de la vida nocturna y ayudó a restaurar la imagen de la pareja empresarial que hacían él y Henri Donnadieu. La idea del restaurante fue de Henri y salió, de nuevo, de la mesa de Margarita Villaseñor. Allí, Henri había conocido al director de teatro Miguel Sabido, que era el dueño de un local ubicado en la calle de Varsovia, un lugar pequeño, de ochenta metros cuadrados más o menos, donde estaba un restaurante. A Henri el lugar le pareció interesante porque tenía una chimenea en un cuarto. Henri convenció a Manolo, que persuadió al Papa de hacer la inversión: el menú estaría a cargo de Margarita, que era una cocinera extraordinaria, y para la decoración mandaron llamar de nuevo a Diego Matthai.

Manolo lo llevó a ver el nuevo local, que tenía tres pisos. Diego pudo desnudar el sitio mentalmente y se fue entusiasmando con las posibilidades que tenía. En el diseño final, pasó la cocina de la planta baja al primer piso, lo que iba a obligar a los meseros a subir y a bajar con los platos, en medio de la gente. Conservaron algunas mesas y sillas simples de madera y tule, pero todo el talento se invirtió en el acabado y en el color de las paredes. Diego quería dar una imagen un poco decadente, como si se hubiera caído el aplanado de los muros y hubiera dejado el tabique desnudo. Para lograr el color ocre que le interesaba, mandó llamar al pintor Xavier Esqueda, que preparó la pintura con productos naturales logrando diferentes tipos de óxidos, de naranjas, de amarillos. Matthai decidió que el piso debía ser gris y usó un nuevo material de goma, producido por la compañía de llantas Pirelli. Además del piso, usó otros dos elementos como contrapunto contemporáneo al ambiente de campo: la puerta y la barra. La puerta era de vidrio templado y la barra estaba iluminada por una luz neón de color azul. Matthai mandó recubrir una columna de acero, lo que provocó un conjunto visualmente atractivo.

Por sugerencia de Henri, el lugar fue bautizado El Olivo: le recordaba el pueblo donde creció. Matthai mandó hacer el logotipo pero, como un olivo es en realidad un árbol raquítico, dibujaron un robusto roble modificado y lo mandaron esmerilar en la puerta de entrada. También encargaron sellos de goma para que los meseros estamparan el grabado del olivo con tinta verde en el mantel de papel en cuanto los comensales llegaban a su mesa. La iluminación era sencilla y no había cuadros.

Henri contrató a Charlie Cordero como gerente del restaurante. Charlie era un chico de una familia acomodada de León, Guanajuato, que había estudiado diseño gráfico e industrial con los jesuitas de la Universidad Iberoamericana, en la ciudad de México. Había regresado a León luego de la muerte de su padre, y de nuevo a la ciudad de México, en 1978, de donde ya no se movió. León es una de las ciudades más conservadoras del país y una celda para un chico gay. Charlie regresó a la ciudad con la rienda suelta. Se hizo asiduo a El Nueve, donde encontró a la gente más fascinante que había conocido en su vida, y comenzó a llenarse de amigos; tantos, que el asunto llamó la atención del mismo Henri. En una ocasión Charlie organizó una fiesta de cumpleaños en El Nueve junto con su amiga Laura Begoña, la fiesta fue tan exitosa y animada que ese mismo día Henri y Manolo les propusieron que fueran anfitriones en El Olivo. Los chicos decidieron probar, pero Laura Begoña desertó pronto porque no podía aguantar el ritmo de la vida nocturna. Charlie, en cambio, se ocupó pronto de la operación del restaurante: se dio cuenta de que tenía potencial, antes desconocido, para las relaciones públicas.

Uno de los mayores atractivos del restaurante era la barra, atendida por Enrique Romo, un hombre hermoso y fornido: había tumultos. Y todo el mundo quería ser visto con una mesa en la planta baja del restaurante. Al principio parecía que El Olivo era como una antesala de las noches de El Nueve, pero adquirió legitimidad propia. Muchas personas famosas y de sociedad, que no necesariamente querían ser vistas en el bar gay, se instalaron en el restaurante para pasar noches fantásticas.

Todos los días, Charlie llegaba como a las dos de la tarde. Revisaba las reservaciones, la limpieza general del restaurante y que todo estuviera bien montado. Le daba un retoque a las flores de las mesas, si es que ese día no habían sido cambiadas. Programaba la música y recibía a los clientes de la comida.

Manolo les había dado una mesa a los principales cronistas de sociales para que allí hicieran sus almuerzos. También había preferencia por los actores: si había una obra de teatro que a Henri le interesara, se llevaban al elenco a comer. Llegaban Aníbal Angulo y Tania, que regentaban una agencia de modelos; llegaban las modelos y también algunos políticos, así como empleados de Televisa. Terminada la comida, Charlie se iba a descansar un rato. Regresaba como a las ocho, a supervisar las reservaciones de la noche. La mesa más importante estaba frente a la chimenea. Era un sitio intocable, porque era la mesa de los invitados especiales de Henri y Manolo, gente de la farándula, la moda o la cultura: Alaska y Ana Torroja, cuando estaban de paso por México; el diseñador de modas francés Thierry Mugler, o Paula Cussi, entonces esposa de Emilio Azcárraga Milmo, director y dueño de Televisa.

Y las noches, como las de El Nueve, eran intensas: las cenas transcurrían como en cualquier restaurante de moda, pero traspasado un punto descendía sobre El Olivo el hada de la fiesta. La gente que se quedaba después de las dos de la mañana sacaba cocaína e iniciaba otro tipo de fiesta. Charlie recuerda veladas en las que terminaba teniendo sexo encima de una de las mesas.

Charlie piensa que lo único que lo mantenía en pie era la responsabilidad de tener que trabajar al día siguiente. Nunca dejó de cumplir con sus faenas por estar crudo o desvelado, aunque eso le costó lastimarse el codo de por vida. A principios de septiembre de 1985 hubo una tremenda granizada en la ciudad de México. Charlie se fue al mercado de Jamaica, como siempre, crudísimo, para ir a comprar las flores. El mercado estaba encharcado y Charlie traía unos tenis nuevos. Para no ensuciarlos en un charco, dio un brinco de una loseta a otra, pero la loseta que recibió su peso estaba mojada: se cayó y se rompió el codo del brazo derecho. Fue a ver un ortopedista, que le dijo que tenía que operarse. Lo citaron el 19 de septiembre, el día en que un terremoto de 8.1 grados en la escala de Richter sacudió a la ciudad de México. Charlie vivía en Las Lomas y había dejado las radiografías en El Olivo para ir al hospital a operarse.

Aquel día tembló en la mañana, pero Charlie no se percató de la magnitud del movimiento hasta que tomó un taxi y no pudo llegar a su destino porque las calles estaban cerradas. Se bajó en el cruce de Reforma y Periférico, en el límite de Las Lomas, y se fue caminando por Reforma hacia la Zona Rosa. En el trayecto vio ventanas caídas, pedazos de edificios en el suelo. Llegó como pudo a El Olivo y de allí se fue al Hospital Metropolitano, pero se encontró con una escena caótica: cientos de personas que habían resultado heridas necesitaban ser atendidas de emergencia.

Charlie regresó a la casa que compartía con sus amigas, la periodista Adriana Pérez Cañedo y su pareja Lucía García Noriega. Como muchos otros, ellos se organizaron espontáneamente para ayudar a la gente que se había quedado sin techo y preparaban comida que llevaban todos los días a un campamento en la colonia Roma. Había sido una reacción casi instintiva, en un momento en que todo el mundo sentía la necesidad de hacer algo para paliar la desgracia.

La familia de Charlie llegó de León para llevarlo a un hospital en su ciudad natal. Allá se operó el brazo, pero le vino una depresión tremenda, ya no siguió la terapia y se quedó sin movimiento en el codo. Cuando regresó a México, se vio con Manolo y Henri: hubo reclamaciones mutuas por asuntos laborales. Estaban enojados porque Charlie había abandonado el trabajo; Charlie, en cambio, pensaba que ellos no se habían hecho cargo de su lesión, y les dejó de hablar durante muchos años.

La cocina de El Olivo estuvo a cargo de Margarita Villaseñor, que concibió un menú más o menos convencional, con un guiño privado. Uno de los platos principales era el filete Julio Castillo, por ejemplo. Pero Margarita, que era muy buena cocinera, resultó una chef con muy mal carácter y se peleaba con todo el mundo, incluido Henri, que terminó por ofrecer la cocina a un joven comensal de El Olivo y asiduo a El Nueve, Jorge Guerrero, que había estudiado gastronomía en una escuela local. Pero él no quiso asumir la responsabilidad solo y trajo a Roberto Santibáñez, un amigo recién adquirido, joven chef que había estudiado en París. Roberto era el cocinero privado del secretario de Relaciones Exteriores, pero como el temblor dañó el edificio donde estaba el comedor de la secretaría, de pronto se encontró sin trabajo.

La cocina de este par resultó mucho más experimental no sólo que la de Margarita Villaseñor, sino que la de otros restaurantes establecidos en la ciudad de México. Entonces los restaurantes eran franceses (el Champs Élysées y el Fouquet's), japoneses (Suntory), italianos (La Góndola), internacionales (el Estoril) o mexicanos (la Fonda El Refugio), pero todavía no se introducía en la ciudad la cocina de autor. Jorge y Roberto inventaron el volován de huitlacoche con salsa de estragón, el aguacate con camarones pochados al pernod y un pato con mole de ciruela y pistaches, entre otros: hicieron una pequeña revolución culinaria en México.

De alguna manera, Jorge y él sustituyeron a Charlie y se convirtieron en los nuevos anfitriones. Siempre llegaban a trabajar más o menos temprano para supervisar que estuvieran las preparaciones hechas como se debía. Roberto también comenzó a involucrarse en el arreglo de las flores. En la tarde se iban a su casa para bañarse, cambiarse y estar listos para la noche. Bajaban de la cocina, que estaba en el segundo piso, a recibir a la gente y a recomendarle algún plato.

De todas las personas que desfilaron por el restaurante, la favorita de Roberto era Guadalupe, Pita, Amor. En ese entonces, Pita era una vieja que caminaba por las calles de la Zona Rosa como el fantasma de la mujer extraordinariamente guapa, inteligente y poco convencional que había sido. Pita Amor era la hija menor de una elegante familia de hacendados de Morelos. Durante los años cincuenta escribió varios libros de poesía que la colocaron en el mapa literario de la ciudad. Poseía una gran belleza y fue modelo de los principales pintores del momento. En 1961, Manuel, su único hijo, murió accidentalmente, y a partir de este momento Pita comenzó a perder la razón. Se encerró en su casa y luego reapareció en la calle como una presencia exótica de la Zona Rosa, "siempre vestida de mariposa, de lamé dorado, de libélula, de Isadora Duncan, envuelta en chales y plumas de avestruz, colmada de joyas, flores artificiales y con la cara pintada como jícama enchilada. Nunca sospechó que las malas lenguas le decían la abuelita de Batman", escribió Elena Poniatowska, sobrina de Pita Amor. Vivía en un departamento rentado en la colonia Juárez, vestía unos harapos, se maquillaba chueco y profusamente y se colocaba una flor de tela en la cabeza. Recitaba sonetos o insultaba a la gente en la calle. Se había hecho amiga de Henri una noche que la vio orinar afuera de El Nueve: Henri se enterneció por la imagen de la vieja decrépita y acabada. La relación prosperó en buena medida por el esnobismo de Pita Amor, que adoraba todo lo que tuviera que ver con Francia. Declamaba, por ejemplo, a Racine y a Corneille. Todos los jueves Henri le hacía una comida a Pita en su casa de la cerrada de Varsovia, y por medio de Henri, llegaba a El Olivo a comer o a cenar gratis. Roberto aún guarda los manuscritos con los poemas que escribieron en el restaurante. Pita se sentaba con él en las tardes, pedía sus tragos y escribían sobre los manteles de papel.

Santibáñez recuerda aquella época como un periodo muy intenso, con jornadas exhaustivas que continuaban en El Nueve, adonde iban él y sus amigos a seguir la vida. Algunas noches eran arriesgadas y locas; siempre corrían el peligro de que las cosas acabaran mal. Y aunque las cosas salieran mal, la suerte parecía acompañar a los dueños de El Olivo.

En una ocasión, unos asaltantes atracaron el restaurante. Estaba la plana mayor: las estrellas de la telenovela y la pareja del momento, Alejandro Camacho y Rebecca Jones, y el productor Luis de Llano, creador del grupo Timbiriche y de los programas juveniles más exitosos de la época; Ana Torroja y Nacho Cano, integrantes de Mecano; el manager del cantante mexicano Luis Miguel, así como la actriz argentina Margarita Gralia y su marido. El asalto salió en los periódicos, pero en vez de asustar a la clientela, la gente abarrotó el lugar durante las semanas siguientes, pues querían ver cómo y por qué estaban en El Olivo todas esas estrellas.

Pero ni El Nueve ni El Olivo parecían el destino final de esta aventura. Casi desde el principio de la década, aquel dúo se propuso construir el Metal, una discoteca donde Henri plasmaría sus ideas de la casa de la cultura: El Nueve, después de todo, era un espacio muy pequeño. El Papa compró en 1983 unos terrenos en la calle de Varsovia. El Metal debía convertirse en el gran lugar de la vida nocturna de la megalópolis, el sitio para entretener al grupo culto, liberal y cosmopolita de la ciudad. La construcción comenzó en 1984 con el diseño del joven arquitecto Jacques Vermonden, de origen belga. Y, con la construcción a medio camino, a Henri se le ocurrió dar una fiesta para celebrar los cuarenta años de Manolo, que había nacido en 1942, pero en 1985 decidió quitarse algunos años de encima.

La fiesta tuvo lugar en los cimientos del Metal, entre las columnas de la planta baja. El decorado, de inspiración Memphis, estuvo a cargo del diseñador gráfico Alfonso Capetillo, un buen amigo de Henri; la invitación la ideó el otro diseñador, Luis Almeida, que había hecho estudios en Florencia y en París. Se mandaron comprar mesas de metal, como de cabaret mexicano de la época del cine de oro, con lamparitas individuales de pilas. La orquesta de Pablo Beltrán Ruiz, una de las grandes bandas de música, amenizó la fiesta, ambientada en los años cuarenta.

Se puso una combi a la entrada como guardarropa y se mandó llamar a un doctor de guardia. Los baños fueron instalados en la planta alta y la lista de invitados se hizo a conciencia. Aunque esa noche granizó, los invitados llegaron puntuales y deslumbrantes: a Henri y a Manolo les importaba mucho la presencia de Christopher Makos —colaborador de la revista de Andy Warhol, *Interview*, autor de la serie de Warhol en *drag*—. Lo cortejaban desde hace tiempo, pues querían que Warhol viniera a México a inaugurar el Metal. Manolo, vestido de esmoquin con saco blanco, llegó a la fiesta de la mano de la pintora surrealista Brígida Tichenor, de quien se decía era la hija bastarda de Jorge V de Inglaterra. Había un río de gente sin invitación que quería entrar a la fiesta a como diera lugar: los anfitriones abrieron las puertas para todos hacia las dos de la mañana y la fiesta duró hasta que salió el sol.

Según la crónica de Nicolás Sánchez-Osorio, aquella fue una de las celebraciones más divertidas de la temporada:

> La noche del miércoles, en lo que será la discoteca Metal, en el estacionamiento en plena obra, se festejaron los cuarenta años de Manolo Fernández con gran baile orquestado por Pablo Ruiz Beltrán, ambiente disco y todos los invitados perfectamente vestidos en los cuarenta dieron a la celebración un toque de *happening* en medio de unos cuatrocientos concurrentes que llegaron al *parking* que funcionará cuando este diciembre abra el nuevo establecimiento en la calle de Varsovia.

El Metal, sin embargo, no abrió ese diciembre, sino que tardó otros cuatro años más en inaugurarse. En medio, apareció el sida, tembló en la ciudad de México, las drogas se asentaron y el proyecto cultural se enriqueció.

Capítulo ocho

En México, las noticias del síndrome de inmunodeficiencia adquirida comenzaron a recibirse con alarma y confusión. En 1983 se diagnosticó el primer caso de sida en México: era un haitiano. Para 1985 ya había treinta y dos notificaciones de personas infectadas con el VIH. Parecían más, pero muchos de esos casos se notificaban por partida doble o triple: se trataba de la misma persona que llegaba a un hospital con una infección como neumonía o con una parasitosis, se le daba un tratamiento y más tarde aparecía en otro hospital, ahora con un cáncer. En 1985 se encontró la manera de detectar la presencia del virus en la sangre, y un año después, con las pruebas de detección disponibles en el país, las autoridades exigieron a los hospitales que notificaran la enfermedad. Los casos subieron a sesenta y ocho: la mayoría de ellos eran hombres homosexuales, aunque la enfermedad también se había diseminado entre los donantes de sangre.

Además de comenzar a identificar los casos, las autoridades dieron órdenes para que el Instituto Nacional de Nutrición —uno de los centros de atención, investigación y enseñanza médica con más prestigio en el país— fuera el lugar donde se atendiera a los pacientes con VIH. Fueron años terribles. Aunque no había esperanza para los pacientes, los médicos al menos trataban de hidratarlos, darles suplementos alimenticios y medicamentos para combatir algunas infecciones, mientras morían. Con el tiempo, la Secretaría de Salud destinó la atención médica de pacientes con sida a otros hospitales de la ciudad de México, así como de Guadalajara y de Monterrey. Pero hasta 1988, con la aparición del AZT, el primer medicamento antirretroviral, no había mucho qué hacer.

En 1986 comenzaron también las campañas de información. Se distribuyeron folletos con preguntas y respuestas sobre el sida, dirigidos al público en general, y se imprimieron materiales destinados específicamente a hombres homosexuales y bisexuales. La campaña a veces parecía errática. Unos materiales tenían un mensaje macabro pues mostraban un cadáver. Del dedo del pie pendía una tarjeta con la leyenda: "Murió de sida". Pero también se distribuyeron cajas de cerillos con un condón que decía: "Yo no juego con fuego". La Secretaría de Salud abrió un centro de información sobre sida, en la calle de Flora, en la colonia Roma, pero pronto esta casa de principios del siglo XX se convirtió en un centro de detección del virus; también se instauró una línea telefónica, Telsida, donde la gente podía hacer preguntas sobre formas de transmisión, síntomas y opciones de tratamiento.

La crisis del sida despertó la homofobia latente de la sociedad mexicana. Hubo síntomas alarmantes: por ejemplo, en mayo de 1987, en Mérida, Yucatán, comenzaron a aparecer volantes firmados por una asociación llamada Juventud, Amor y Familia, que alentaba a denunciar a los homosexuales para expulsarlos de los trabajos y de sus casas. En los estados vecinos de Campeche y Quintana Roo, las autoridades cerraron bares y expulsaron de sus trabajos al personal abiertamente gay. En Veracruz, los socios de varios clubes sociales habían exigido al presidente municipal de San Andrés Tuxtla la expulsión de los homosexuales y el alcalde dispuso que la policía los detuviera, les rasurara la cabeza y les diera veinticuatro horas para salir del pueblo. En Papantla, un grupo de presión llamado Grupo Independiente Papanteco hizo una huelga de hambre frente al palacio municipal para solicitar la expulsión de unos travestis. Maestros de escuela, padres de familia y el cura del pueblo apoyaron las protestas. La homosexualidad fue proscrita en ambos sitios de Veracruz.

Estas manifestaciones de homofobia provocaron que algunos intelectuales de la ciudad de México publicara un desplegado en el diario *La Jornada*. El comunicado decía: "Aunque estamos ante hechos que se antojan calcados de los tiempos de quemas de herejes, éstos ocurren aquí y ahora en cuatro estados de la República mexicana". El texto terminaba asegurando que no iban a ser el prejuicio ni el linchamiento los que debían regir la conducta de los mexicanos frente a un problema de salud pública. Exigían una respuesta madura, basada en los derechos humanos de los afectados, una actitud ética de los medios de comunicación y que las autoridades orientaran a la población sobre formas de sexo seguro.

En la ciudad de México también hubo una pequeña marcha en memoria de los muertos de sida y en apoyo a los enfermos y sus familiares. Aunque la pancarta principal decía: "Más unidos que nunca contra el sida", en realidad se trató de una manifestación más bien pequeña. Uno de los asistentes declaró a la prensa que muchos homosexuales tenían miedo de tratar públicamente la enfermedad. Otro dijo que el sida era utilizado como pretexto de sectores reaccionarios de la sociedad que buscaban disminuir las conquistas alcanzadas por los gays.

Y tenía razón. La Iglesia católica y grupos de padres de familia y contra el aborto comenzaron a criticar acremente al Estado por sus campañas de prevención y a fijar sus posiciones con respecto a la homosexualidad. En enero de 1988, la Iglesia hizo explícita su opinión en un documento llamado "Moral y sexualidad", firmado por el arzobispo de México. El documento decía que la Iglesia no calificaba el sida como un castigo de Dios directo, pero que no podían dejar pasar el hecho de que su expansión pasaba por el camino de relaciones sexuales desordenadas y antinaturales. "¿No será que Dios, a través de la naturaleza tan repetidamente vejada por el desenfreno en la búsqueda sólo del placer sexual, está dando un toque de atención para que el hombre retorne a los cauces morales que él imprimió en el recto ejercicio de la sexualidad?", se preguntaba. La Iglesia católica mexicana estaba alarmada por ciertas medidas para prevenir el contagio, porque algunas de ellas eran inmorales. Promover el uso del condón propiciaba la disolución social.

A mediados de 1988 ya se tenían registrados mil doscientos treinta y tres casos de sida en México y, a pesar de la oposición de la Iglesia, la información que había recabado la Secretaría de Salud sobre las percepciones que la gente tenía acerca del sida hacía urgente informar con más claridad sobre los mecanismos de contagio y las medidas preventivas, incluido el uso del condón. El secretario de Salud, Guillermo Soberón, anunció una segunda fase de la campaña gubernamental que utilizaría a la conocida artista Lucía Méndez cantando un fragmento de su éxito "Castígame". Al final ella diría: "No castigues a tu pareja: si vas a tener una relación, usa el condón".

Los grupos católicos acusaron al secretario de Salud de iniciar una revolución sexual en México y de incitar a la promiscuidad. Se despertó una controversia muy intensa. Hubo cientos de artículos en los periódicos, horas y horas de programas de radio y televisión dedicados al tema. Jorge Serrano Limón, dirigente de Provida, una organización en contra del aborto, declaró al semanario *Proceso* que era una lástima que personas del medio artístico se prestaran a promover los condones, incitando a la población a continuar con una actividad sexual desordenada: "Es algo como así como si quisieran decir: si tienes hábitos homosexuales sigue con ellos, pero usa condón".

Al final, Televisa se negó a transmitir la campaña y fue interrumpida indefinidamente. Hubo un intento por hacer un nuevo spot en el que aparecía el futbolista Hugo Sánchez, pero el mensaje era tan ambiguo que el público no lograba identificar de qué se trataba.

Todo esto llegó en un muy mal momento para la comunidad gay. Había terminado una especie de edad de oro que duró desde 1978, cuando la gente salió a marchar a las calles, hasta 1982, cuando el llamado Partido Revolucionario de los Trabajadores lanzó por primera vez en la historia a dos candidatos gay para la Cámara de Diputados en las elecciones de ese año. (En 1980, la marcha del orgullo homosexual reunió a veinte mil personas, una cifra histórica.) A partir de estos sucesos, toda la visibilidad lograda, los espacios en los medios, las pequeñas victorias en la batalla cultural, todos los esfuerzos de los años anteriores, se desmoronaron por la presión de conflictos internos, provocados por rigidez ideológica y por un sectarismo sin fin en el gobierno. Estaban tan ideologizados, que muchos activistas pensaban que el sida era un invento del gobierno de Ronald Reagan. Sólo cambiaron de opinión cuando sus amigos —o ellos mismos— regresaban del laboratorio con las pruebas que marcaban positivo.

El primer bar de la ciudad de México en tomar conciencia de esta crisis fue El Taller. Su fundador, Luis González de Alba, era líder estudiantil del movimiento de 1968, preso político y autor del relato *Los días y los años* sobre su encierro. Una amnistía lo sacó de la cárcel y Luis se refugió en Chile un par de años. De regreso en México participó en la formación del sindicato de profesores de la Universidad Nacional y se unió al grupo que asistía los domingos a las lecturas que hacía la directora de teatro Nancy Cárdenas sobre temas gays.

En 1983 Luis abrió una pequeña *sex shop*, La Tienda del Vaquero, en el sur de la ciudad, frente a otro bar gay de terrible reputación por la manera en que extorsionaba a la clientela llamado L'Baron. Había carteles, libros sobre sexualidad, *cock rings* y artículos de piel negra, entre otras cosas. Luego, Luis rentó un local más grande en el mismo conjunto comercial y abrió un bar: La Cantina del Vaquero. "Pero yo quería una disco grande, ruda, masculina", escribió González de Alba en diciembre de 2008 en la revista *Nexos*. (El Nueve, por cierto, le parecía un lugar "lleno de mujeres sofisticadas y de jotitos envidiándolas".) Así que en 1985 abrió la discoteca El Taller, que estaba en un sótano en la calle de Florencia, a la vuelta de El Nueve. Tenía una decoración hecha con desechos de maquinaria industrial.

González de Alba destinó los martes por la tarde para que Cálamo y Guerrilla Gay, organizaciones que nacieron luego de la desbandada del movimiento homosexual, dieran pláticas de prevención de VIH-sida, entre otras actividades. También quería usar el local como centro de atención para enfermos de sida, pero resultaba absurdo y poco higiénico que los médicos dieran su consulta en medio del olor a cigarro y botellas vacías de cerveza. Luis consiguió un consultorio en el Condominio Insurgentes —un gigante gris herido por el temblor de 1985— donde instaló una clínica. Ahora necesitaba dinero para mantenerla. Se juntó con un viejo conocido, Braulio Peralta, editor de la sección cultural del diario *La Jornada,* para emprender un concierto que recaudaría fondos para la organización que sostendría la clínica: la Fundación Mexicana de Lucha contra el Sida, la primera muestra de que la sociedad civil se estaba organizando para enfrentar la enfermedad.

Braulio consiguió que cuatro cantantes famosas de blues, jazz y balada romántica —Eugenia León, Margie Bermejo, Betsy Pecanins y Tania Libertad—, así como la directora de teatro Jesusa Rodríguez, colaboraran gratuitamente en el concierto que se iba a celebrar a principios de diciembre de 1988 en el

Auditorio Nacional. Una semana antes, la revista *Tiempo Libre* publicó en su portada una foto de las cuatro cantantes. El titular decía: "¡Por primera vez juntas! Concierto de solidaridad". La nota subrayaba que los miembros de la fundación estaban preocupados por el avance del sida; como no había medicamentos eficaces, la única alternativa era la prevención. Pero también deseaban ofrecer tratamiento psicológico para la gente que ya estuviera infectada y, en general, algún tipo de esperanza en medio de tanta desolación.

El Auditorio Nacional se llenó y el evento fue muy emotivo. En medio de las manifestaciones de homofobia de la Iglesia católica y de los grupos de derecha, la reunión en la sala de conciertos se sintió como un abrazo solidario. Patricia Vega escribió en *La Jornada*: "Noches como la del domingo en el Auditorio Nacional lleno nos hacen sentir que no todo está perdido, que vale la pena sobreponerse al dolor y la esperanza, que la sociedad civil está dispuesta a tomar en sus manos la solución a un problema que el Estado [...] enfrenta de una manera timorata y poco eficaz".

Luis González de Alba recuerda que aquella noche lloró porque Ernesto, su pareja, acababa de morir de sida. La familia de Ernesto no le había perdonado que él no estuviera infectado, y eso le pesaba. La última canción, cantada a coro, decía: "Solamente faltas tú..." Luis se quebró.

Esa misma noche hubo llanto de otra naturaleza. Alejandro Reza, fundador de Cálamo, estaba muy triste y muy enojado, porque sentía que Luis González de Alba y la Fundación Mexicana de Lucha contra el Sida se habían pavoneado con el intenso trabajo que Cálamo y Guerrilla Gay habían hecho dentro de El Taller y durante la organización del concierto; Luis ni siquiera los había mencionado en el discurso de aquella noche. Alejandro se sentía usado e indignado. Braulio Peralta tenía la misma impresión sobre la ingratitud de Luis González de Alba y días más tarde llevó a Reza a hablar con Henri Donnadieu, para trasladar los eventos semanales de El Taller a El Nueve.

El bar abrió los lunes para recibir a las cantantes que solidariamente siguieron apoyando a Cálamo. El dinero que se cobraba en la entrada iba a parar a la cuenta de la organización. Con los fondos recaudados, Cálamo abrió una clínica de asesoría legal, médica y psicológica en la colonia Condesa.

A veces la solidaridad de los artistas iba más allá del bar. Alejandro Reza recuerda que un amigo suyo estaba muriendo de sida, muy deprimido. Adoraba a Eugenia León y tenía todos sus discos. Reza fue a buscarla al estudio donde estaba grabando su disco *Mar adentro* para pedirle que fuera con él al hospital a darle aliento a su amigo. Eugenia no sólo habló con el enfermo, sino que también le cantó al oído con una enorme naturalidad. Fue un regalo inesperado. El amigo de Alejandro murió poco tiempo después. Reza piensa que murió contento.

Capítulo nueve

Regresemos a 1985. La muerte no sólo acechaba a los homosexuales, sino que un día se enseñoreó de toda la ciudad. Luego del manotazo telúrico que sacudió al Valle de México la mañana del 19 de septiembre, el susto individual se fue convirtiendo en una pesadilla colectiva conforme la gente se dio cuenta de la magnitud del desastre. Hubo más de doscientas construcciones derruidas en el centro de la ciudad, entre departamentos, hoteles, oficinas y hospitales. El Hotel del Prado, adonde Xóchitl había entrado como Cleopatra, se desplomó y se incendió. Se cayeron los hoteles Romano, De Carlo y Principado de la Plaza de la República, y el Montreal, en Tlalpan y Miguel Ángel de Quevedo. Se cayó el edifico de Televisa, en el número 18 de la avenida Chapultepec, en cuya planta baja la cafetería se encontraba ya en servicio. También se cayó otro edificio de diez pisos de la misma empresa en Arcos de Belén y Vértiz. Era evidente que, si no habían muerto ya, algunas de las víctimas que quedaron atoradas entre los escombros morirían inexorablemente.

Se desplomó el Hospital Juárez de la Secretaría de Salud, dentro del cual se encontraban cerca de setecientas personas. Se derrumbó la Unidad de Gineco-Obstetricia del Hospital General, que tenía capacidad para seiscientos pacientes y un número importante de cunas; también se derrumbó el edificio de médicos residentes, con unas cien personas. Se cayó el edificio Nuevo León de la Unidad Habitacional Tlatelolco, donde vivían doscientas setenta familias. Se cayó el edificio de Radio Fórmula, en Cuauhtémoc y Fray Servando: murieron diez locutores y otra decena resultó herida. Se cayó un edificio de ocho pisos en Fray Servando 136, un estacionamiento en Independencia y Revillagigedo, dos edificios de Baja California y Cuauhtémoc, un edificio y una vecindad de Insurgentes y Durango. En Eje Central 39 hubo catorce muertos; en un edificio de Coahuila y Tonalá, diez personas fueron rescatadas con vida y más de veinte quedaron atrapadas. En Doctor Barragán 6 hubo tres desaparecidos. Se colapsó la ciudad.

Ese día se interrumpió el servicio de teléfono de larga distancia nacional e internacional. El local estuvo funcionando en cuarenta por ciento. No hubo luz en buena parte de la zona metropolitana y las obras de infraestructura que surten de agua potable sufrieron daños que provocaron cortes en el suministro; a quienes sí les llegaba, se les recomendaba hervirla antes de beberla. El aeropuerto estuvo cerrado durante algunas horas, casi la totalidad de los vuelos de Estados Unidos se cancelaron. Todo el día se estuvo escuchando el ulular de las ambulancias y sus choferes tenían que cuidarse de no atropellar a la gente que se había quedado en la calle, ignorante de qué hacer, que no podía entrar a su casa porque las autoridades habían puesto un acordonamiento. La gente también permanecía de guardia frente a un edificio, esperando el momento de sacar a un pariente, vivo o muerto.

El día anterior, 18 de septiembre, había sido miércoles, y como todos los miércoles, hubo un coctel en El Nueve. Estuvo dedicado a los actores Rafael Inclán, que a mediados de los años ochenta se había hecho famoso como protagonista del popular género de comedias eróticas, y José Magaña, un actor de televisión que hacía el papel del profesor Villafuerte en la serie *¡Cachún, cachún, ra-ra!*, sobre una escuela preparatoria.

Como en otras ocasiones en que se avecinaba un desastre, esa noche Henri estuvo muy nervioso y pasó la mayor parte del tiempo en la entrada del bar, al pie de las escaleras. Llegó a su casa de la cerrada de Varsovia en la madrugada del 19 de septiembre. Doctor, su pareja, ya se había levantado, pues tenía que ir a la escuela.

Comenzó el temblor. Henri se dio cuenta de que venía fortísimo, pero su casa no sufrió daños. Cuando salió a la privada, caminó hacia la calle de Varsovia, miró en dirección a la avenida Chapultepec y vio que el edificio de la esquina con Valladolid se había caído. Luego enfiló hacia la calle de Florencia, donde vivía Jaime Vite: lo encontró en la calle, sin ropa, con una toalla que le pasaba por el pecho y un neceser en la mano. Vite le dijo: "Te estaba esperando". Henri se llevó a Jaime a casa. Cerca de las nueve de la mañana llegó el actor Miguel Ángel Ferriz, que vivía cerca. Henri subió al coche de Miguel Ángel a dar una vuelta, fueron a los barrios cercanos: a la colonia Juárez, al centro, a la colonia Roma, justo donde más edificios se habían caído y donde el dolor era más intenso. Regresaron a la casa y más tarde se les unió Jean-Claude Tabé, el gerente de El Nueve. Comieron juntos y allí Henri tomó la decisión de presentarse como voluntario.

Esa tarde se fue a la Cruz Roja en Polanco, y en seguida lo asignaron a un grupo que dirigía un seminarista católico para entregar agua al Hospital Juárez. Como a las siete y media de la tarde del día siguiente, un nuevo temblor golpeó la ciudad, causando un pánico tremendo. Otros edificios se cayeron, más se cuartearon y miles de personas salieron otra vez de su casa, cargando cobijas y cochones, por temor a pasar la noche bajo techo.

En la Cruz Roja, los rescatistas pidieron a Henri que se encargara de traducir para la organización suiza Médicos Sin Fronteras, que estaba llegando a México. Les asignaron ir al

Centro Médico, otro de los hospitales caídos, pero el ejército, que cuidaba los escombros, no los dejó pasar por ser extranjeros. Los mandaron entonces al edificio Nuevo León en Tlatelolco, una de las zonas más castigadas por el temblor. Lograron sacar entre los cascotes a una vieja que no quería dejar el sitio sin su gato.

El bar y el restaurante estuvieron cerrados cerca de una semana, principalmente porque no había agua. Pero en el momento en que El Nueve abrió, Henri decidió poner en la entrada de la calle a Jaime Vite para recaudar dinero, vestido como Evita, con todo y las esmeraldas falsas y el vestido estilo Dior. La gente que pasaba por allí se tomó este gesto con ligereza y buen humor: donó algo de efectivo y El Nueve juntó suficientes fondos para un refugio de damnificados.

El mismo 19 de septiembre hubo una conmoción de otro tipo. Uno de los mejores amigos de Henri, Jean-Jacques Degrenne, maquillista, fue a recoger los análisis de sida a un laboratorio que quedaba en Las Lomas, una zona poco afectada por el sismo. Resultó positivo. Justo el día en que la ciudad se había derrumbado, Jean-Jacques recibía la noticia de su propia sentencia de muerte. Pasó unas semanas muy deprimido, al grado de que decidió vender todo lo que tenía y mudarse de regreso a Francia, a esperar su final. A principios de 1986 se dio cuenta de que había cometido una tontería y regresó a México. Henri le dio refugio en su casa y decidió entonces crear una compañía de teatro cuyos maquillistas fueran Jean-Jacques y Christian Merklen: eso le daría a su amigo una distracción.

La compañía estaba inspirada en el teatro del ridículo del dramaturgo gay estadounidense Charles Ludlam, que había llevado a la escena neoyorquina el corrosivo humor gay y dependía fuertemente de actores transgénero o con una marcada capacidad de travestirse. Influido por Andy Warhol, muchos de sus temas tenían que ver con la cultura popular. Henri tenía a su disposición todo lo que se necesitaba para hacer una compañía similar a la de Ludlam: ya era un productor conocido, contaba con Jaime Vite y disponía de un bar gay que podía usar como foro. La llamó Kitsch Company.

Además de los maquillistas, Henri convocó a un conocido peinador de Televisa, su amigo Juan Álvarez, y a un par de actores que eran asiduos a El Nueve y que estaban haciendo teatro gay. Uno de ellos, Miguel Ángel de la Cueva, acababa de estrenar una pastorela llamada *Pachecas a Belén*, que contaba la historia de tres pastoras transexuales y drogadictas durante la llegada de Jesús a la Tierra. *Pachecas a Belén* había comenzado como una obra casera que escribieron dos gays cuyos nombres de pluma era Fragancia Tixou y Perla Loreta Hayworth. No tenía ninguna pretensión de llegar a la escena comercial, pero resultó tan simpática que empezó a hacerse en el teatro —y aún hoy se sigue reponiendo todos los años—. El otro actor que se incorporó a la Kitsch Company fue Tito Vasconcelos, que había trabajado con Henri en *Sweeney Todd*. Tito Vasconcelos era un actor muy informado, comprometido con el movimiento homosexual que había participado en la creación de un teatro gay junto con otros dramaturgos, actores y directores.

Las representaciones de la Kitsch Company eran semanales: sucedían los miércoles y sustituyeron a los cocteles dedicados a los actores. El escritor de muchas de esas historietas era el mismo Henri Donnadieu. Era una época en que comenzaba a experimentar con las drogas de manera más evidente. Henri fumaba mariguana con un poco de goma de opio y eso le daba la inspiración necesaria para escribir, sentado en su estudio, acompañado de sus pericos. Escribía parodias inspiradas en asuntos de la cultura de masas o hacía un *tableau vivant*, la representación de una pintura con un grupo de actores.

Más que ningún otro evento, estas representaciones fueron registradas en video. Las grabaciones tienen la misma estructura: se filmaban los ensayos, que tenían lugar los lunes y los martes en el bar; el día del estreno, los actores, los maquillistas, el escenógrafo y el director se reunían para prepararse en la oficina de Henri, en el edificio de enfrente. Se entrevistaba a los involucrados y finalmente se registraba el estreno y la única función.

En el video dedicado a la parodia de *El fantasma de la ópera*, por ejemplo, se ve a Tito Vasconcelos dirigiendo a Jaime Vite en su papel del Fantasma y a Miguel Ángel de la Cueva como Christine. Todos están vestidos con ropa de calle. El foro de El Nueve está iluminado con una luz azul y cubierto por telones, y un candelabro decora la escena. Un día después, la cámara filma la oficina donde los actores se preparan para el espectáculo. Es diciembre de 1987 —se sabe porque la cámara pasa por encima de un calendario—. Jean-Jacques Degrenne levanta la cejas cuando la cámara lo descubre: tiene una cara bastante común, pelo negro, ojos chicos, entradas, y está vestido con pantalones caquis y camisa blanca con rayas. "¿Por qué siempre tanto miedo a la cámara, Jean-Jacques?", dice la voz del camarógrafo Luis Mercado. "Porque me siento muy feo", dice Degrenne y se ríe de manera nerviosa. La fealdad, por cierto, es el tema de la pieza que están a punto de representar. "Es muy modesto, Jean-Jacques", dice Tito Vasconcelos al fondo. "Muy tímido", dice el francés mientras se mece con las manos recargadas en una silla. (Jean-Jacques murió en 1999. Lo encontraron en una regadera, inconsciente. Christian Merklen lo llevó a un hospital del Seguro Social, en la calle Gabriel Mancera, avisó a Henri de lo sucedido y se fue a un viaje de trabajo. Henri fue al hospital sólo para enterarse de que su amigo ya había muerto. Como no era familiar, tuvo que pedir un permiso especial a la fiscalía de la ciudad de México para que le dieran el cuerpo, pues de otra manera lo habrían enviado a la fosa común. Veló a Jean-Jacques, lo cremó, y una semana después llegaron de Francia su madre y sus hermanas para llevarse las cenizas.) Miguel Ángel de la Cueva se está probando el glamoroso vestido azul, negro y blanco, que tiene una manga como ala de sombrero. Jean-Jacques pregunta si llevará algo para cubrirse el pecho, que muestra abundante vello. Vasconcelos le dice que no, que así es la Kitsch Company: la dama de pelo en pecho. En las entrevistas, los actores pasan como personas más o menos simples. Miguel Ángel de la Cueva equivoca el nombre de Andrew Lloyd Webber (el autor del musical) por Tom Webber. Vasconcelos, en cambio, aparece con más y mejores armas. Dice que la presentación de *El fantasma de la ópera* es un gran capricho que se quiere dar. "Hemos decidido hacer un pequeño avance y ganarle a Broadway el estreno en América [se estrenó en Londres en 1986, y en Nueva York en 1988], por lo menos de un fragmento de la obra", dice con mucha autoridad. Es evidente que la puesta en escena en El Nueve se basa en la imagen del disco de vinil, pues el camarógrafo pregunta a Vasconcelos cómo consiguió ese disco y él contesta que lo encargó a un amigo en Londres. La cámara muestra el álbum que acompaña al disco y la imagen del rapto de la cantante por el fantasma.

Más tarde, la cámara descubre a Henri Donnadieu, vestido con un suéter abierto del diseñador japonés Yohji Yamamoto, negro con figuras amarillas, camisa blanca y corbata amarilla con rojo. Lleva puesta la máscara blanca del fantasma, y así, lo que habla es la boca, el bigote y la barba. Mercado pregunta: "Henri, ¿qué ha pasado con tu compañía, cómo la ves?" Henri lanza un discurso como si estuviera en una entrevista real de la televisión. Piensa que la compañía ha llegado a su edad adulta y ha encontrado un estilo propio, un estilo *kitsch*. Cree que la compañía está proponiendo un ojo distinto, un poco deformado, un poco caricaturizado, que les permite reírse de sí mismos y provocar que los demás nos burlemos de nuestra cultura. Y sí, resulta gracioso ver reducida la gran producción londinense al pequeño foro de un bar, y mirar a Miguel Ángel de la Cueva con su peluca de peinado alto y vestido de noche, caracterizando a una cantante de ópera raptada en una góndola, entre el humo y con los pelos del pecho que se asoman por el escote.

Tito Vasconcelos dejó la compañía a finales de 1988 por diferencias creativas con Henri y porque se puso a trabajar en una obra de Carlos Téllez —aunque regresó al cabaret gay a finales de los años noventa—. Montó un espectáculo en otro bar, El Almacén, que fue el origen del famoso Cabaretito, el nombre que luego llevó su propia cadena de bares. Fue entonces cuando Alejandra Bogue se incorporó a la Kitsch Company.

Bogue había nacido niño. Pasó parte de su adolescencia queriendo convertirse en mujer, sin saber cómo, hasta que en un concurso de Miss Universo Gay que organizó Xóchitl en el Hotel de México —que entonces era una construcción abandonada y el edificio más alto de la ciudad—, conoció a Naná, un hermoso transexual que se prostituía en la Zona Rosa. Naná se convirtió en una especie de mentora. Fue ella quien llevó a Bogue a El Nueve por primera vez, a principios de los años ochenta, y quien la introdujo a la prostitución. Poco después, Bogue dejó las calles y comenzó a trabajar en una tienda de ropa. También consiguió hacer un espectáculo travesti en L'Baron, el bar gay que estaba junto a la *sex shop* de González de Alba, al sur de la ciudad.

Vino el temblor de 1985 y Bogue se fue a Acapulco. Trabajó en el Gallery, adonde la iban a ver cientos de turistas americanos. Fue la etapa en la que comenzó a inyectarse hormonas. Pero la aventura de Acapulco terminó de mala manera. Hubo una inspección en la tienda de ropa donde trabajaba de día y descubrieron que las dependientas estaban robando las prendas: unas lo hacían a gran escala, para reintroducirlas en el mercado negro; Bogue lo hacía para ampliar su clóset. También tuvo un episodio muy desagradable con unos vecinos que eran policías judiciales. Uno de ellos se obsesionó con Alejandra: después de acostarse con ella la estuvo persiguiendo. Ella lo reportó con el dueño del edificio y los judiciales, en represalia, la encerraron en su cuarto, la golpearon, la torturaron y la amenazaron de muerte. Después de este episodio, se refugió unos días en casa de una amiga y luego regresó a la ciudad de México, a vivir con su mamá.

Jaime Vite se quedó asombrado cuando vio a Bogue en México. Las hormonas le sentaban bien. Había cambiado mucho y se veía guapísima, además de que tenía un ojo muy educado para la moda. Bogue mide casi un metro ochenta y tiene las piernas largas como torres de vigilancia. Su cara es ovalada, con los pómulos salidos y la nariz recta, con la punta ligeramente hacia abajo. A finales de los años ochenta llevaba el pelo negro, cortado casi parejo a la altura de la oreja; el fleco le cubría la mitad de la cara, hasta la nariz. No se puede decir que su cara fuese dulce. Al contrario, tenía una expresión como de triunfo, de venganza. Cuando sonreía, enseñaba muchos dientes que eran, en efecto, muy parejos. Gracias a su estilo y su belleza, se convirtió en una de las grandes presencias del bar. Así que Jaime Vite la invitó a formar parte de la compañía.

Su primera presentación fue uno de los *tableaux vivantes* concebidos por Henri: *Les Demoiselles d'Avignon*, el cuadro que pintó Picasso en París, en 1907, que retrata a cinco prostitutas de un burdel de la calle de Avinyó en Barcelona. Dos de ellas tienen sus caras cubiertas con máscaras africanas; el resto muestra caras más europeas. Todas tienen una actitud salvaje y retadora. Con este lienzo, Picasso abandonó la perspectiva a favor del plano de dos dimensiones. En la puesta de escena de El Nueve, la escenografía jugaba un papel fundamental. Mongo, un joven artista que protagonizó un episodio importante en la historia del bar, hizo el telón. Las dos mujeres de máscara africana estaban en primer plano, pintadas sobre un cartón; las otras tres, las de cara europea, estaban representadas por Jaime Vite, Miguel Ángel de la Cueva y Alejandra Bogue.

En el video, Henri aparece dirigiendo e indicando que los tres deben asumir una pose cúbica, en ángulo. "En pocas palabras, muy quebradas", dice alguien al fondo. *Quebradas*, en el argot gay, son los homosexuales muy amanerados. Horas antes del estreno, el video muestra a los actores, vestidos con un leotardo, que se maquillan la cara y el cuerpo siguiendo la pintura de Picasso: la mitad de la cara de un color, la otra mitad de otro, una raya negra en medio de la nariz, y las cejas, asimétricas. Es el 11 de enero de 1989. Henri dice a la cámara: "La historia que se contará hoy en la noche, al final de cuentas, es un ejercicio para que el público pueda recordar quiénes son las *Demoiselles de Avignon*. Estamos haciendo cultura a la manera de la Kitsch Company".

El espectáculo consiste en presentar tres tipos de putas a la mexicana: la sufrida, la buena y la moderna. Cada una se desprende del cuadro y cuenta su historia, y al final de cada historia las putas sincronizan una canción conocida (Bogue, la puta moderna, baila y canta "Hombres al borde de un ataque de celos", de la cantante Yuri). Terminando, las putas regresan a ocupar su lugar dentro de la pintura. La pieza acaba con un coro en off que dice: "Buuueeenas noches. El burdel de la vida se despide de usteeedeees". Y se cierra el telón de lamé dorado.

Capítulo diez

Debemos regresar a mediados de los años ochenta para enseñar que el burdel de la vida le tenía preparadas otras sorpresas a los asistentes a El Nueve, porque en medio de ese ardor creativo y social, en medio de Acapulco, las fiestas, los actores y las actrices, El Olivo, las producciones de teatro, Xóchitl, Jaime Vite y el *new wave*, y por la época del temblor y de que los amigos descubrían que estaban infectados por el VIH, Henri introdujo un cambio más en la programación del bar. Destinó los jueves a un par de jóvenes promotores culturales, los editores de una revista marginal que se llamaba *La Regla Rota*: Ramón Sánchez Lira y Rogelio Villarreal, *Mongo* y *Loquelio*. Fue un movimiento casi inocente que acabó modificando la naturaleza de las noches, quebró el gueto gay y convocó a un nuevo tipo de personas: los chicos del laboratorio cultural y urbano que estaban experimentando con la música, el lenguaje, las imágenes, el sexo y el desmadre.

Ninguno de los dos editores era homosexual. Mongo había nacido en Cuba. Era un tipo guapo, seductor, delgado y moreno, que se estaba quedando sin pelo. Rogelio nació en la ciudad de Torreón. Tenía una mente bien amueblada de lecturas de filosofía, estética y literatura, así como los ojos bien abiertos a todo lo que fuera interesante. Mongo era artista plástico e ilustrador. Rogelio era escritor y fotógrafo.

Mongo era autodidacta: llegó a los catorce años a la ciudad de México huyendo de la Revolución cubana. Aunque su padre había apoyado a Fidel Castro en sus inicios, luego le pareció que el régimen se volvió personalista y estaba en camino de convertirse en una dictadura. A Mongo le costó mucho trabajo adaptarse a su nueva ciudad, en parte porque era un chico introvertido, pero también porque la calidad de la educación en las escuelas mexicanas era menor y se desesperaba en clase. Dejó la escuela el primer año de preparatoria, aunque luego intentó estudiar algo de arte en la Academia de San Carlos. Mongo embarazó a su primera novia y vivió con ella como si fueran *hippies*. No tenía una vocación definida y dio tumbos; entre los dieciocho y los treinta y tantos años se consideró a sí mismo un don nadie. No tenía amigos, ni tenía contactos, no sabía bien qué hacer y lo único que le interesaba era ir a los museos a ver arte.

Rogelio había estudiado en la Facultad de Ciencias Políticas de la Universidad Nacional, pero la carrera lo aburrió y decidió abandonarla. Trabajó desde muy chico como corrector de pruebas y también estudió fotografía, diseño gráfico, cosas relacionadas con el mundo de la edición. Publicó un pequeño libro que se llamaba *Fotografía, arte y publicidad* y unos ensayos de estética marxista; a diferencia de Mongo, estaba muy bien enchufado con la escena artística emergente de la ciudad.

En 1979, Mongo fue a visitar el primer salón de experimentación, una exposición de arte emergente convocada por el Instituto Nacional de Bellas Artes. Se encontró con una instalación llamada *Tragodia Segunda*, del colectivo artístico Peyote y la Compañía. La pieza era un gigantesco *collage* de objetos encontrados, pinturas, esculturas, dibujo y fotografía. Ese día también andaba por allí uno de los integrantes de Peyote, el fotógrafo Armando Cristeto, quien le hizo conversación. Mirando la pieza, Mongo pensaba que él podría trabajar en Peyote: después de todo había hecho algunos aparadores y entendía una o dos cosas de la teatralidad y la estética del montaje en tercera dimensión. Cristeto lo presentó al resto del grupo,

Adolfo Patiño, el líder, y los demás: Carla Rippey, Alejandro Arango, Esteban Azamar y Rogelio Villarreal. Fueron los primeros contactos de Mongo en el medio cultural.

Mongo y Rogelio descubrieron que tenían un punto importante en común: descreían de la izquierda dogmática. También estaban convencidos de que había una vida artística y cultural en México que no se reflejaba en los diarios ni en las revistas de la época: los periódicos *Excélsior*, *Unomásuno* y *La Jornada*, el semanario *Proceso*, las revistas culturales *Nexos*, *Vuelta* y *México en la Cultura*, comandadas por caudillos culturales como Octavio Paz y Carlos Monsiváis. En estos periódicos y revistas se escenificaban los grandes debates ideológicos y políticos de la época, como la guerra en Centroamérica, la crisis económica mexicana, el ascenso de Reagan, la perversidad del PRI, la transición a la democracia en España o los avances de la pluralidad política en México; allí también se hacían y deshacían prestigios literarios y artísticos. Rogelio y Mongo, en cambio, pensaban que faltaba una publicación que fuera más desenfadada, cochina, malévola, pocha, rockera, callejera. Querían una revista más informal, más promiscua, que contara bien qué estaba pasando en el mundo del periodismo, la plástica, la literatura. Pensaron en hacer un volante de hoja suelta, donde publicarían los chismes que habían escuchado en las galerías, pero poco a poco la idea fue agarrando forma y, con la ayuda del padre de Rogelio, que era editor, consiguieron papel a muy buen precio, con el que hicieron el primer ejemplar de *La Regla Rota*. La revista fue bien recibida.

El primer número apareció en la primavera de 1984. Estaba impresa en papel revolución y venía engrapada. Alrededor del cabezal se podía leer: pintura, fotografía, gráfica, crítica, cine, crónica, ensayo, cuento, historieta, poesía, ciencia, música y caricatura. Una carta editorial firmada por Mongo, titulada "Románticos y realistas", argumentaba que el impulso cultural iniciado por los movimientos juveniles de los años sesenta, seguido por los viajes interiores y la psicodelia de los setenta, no se había agotado a pesar de que los gobiernos de izquierda y de derecha habían respondido con violencia y autoritarismo. Los deseos de cambio y libertad seguían allí. En particular, los artistas debían romper las barreras impuestas por intermediarios, el arte comercial y los medios de comunicación que manipulan la información y se ponen en línea con los intereses de un Estado paterno-familiar, agravado por la esquizofrenia sexenal. "Destruimos y nos destruyeron —escribía Mongo—. Tenemos ahora la posibilidad de recoger los pedazos y reconstruir el sueño. Podemos ser románticos y realistas."

Rogelio publicó un ensayo titulado "La crítica como forma de vida". Argumentaba que la crítica de arte en México es complaciente, sirve para otorgar prestigios y reconocimientos. "Los días de inauguración, por ejemplo, el artista se acerca y pregunta: '¿Qué te parece mi obra?' Y alguien contesta: 'Está padrísima, de veras'. Y aquél se la cree". Nadie es capaz de externar una crítica informada y honesta sobre el trabajo de sus amigos. Esto no beneficia a nadie.

> Hay que ejercer la crítica —y la autocrítica— sin convertirnos en enemigo de nadie. Es nuestra intención, por eso, mantener y fomentar una actitud crítica y autocrítica respecto de los materiales que publicaremos aquí en *La Regla Rota* [...] Queremos reunir en un solo espacio a pintores y poetas, cuentistas e investigadores, cronistas y científicos; a músicos, caricaturistas y fotógrafos, y a todos los que participamos de alguna forma del fenómeno cultural y artístico, sobre todo el que nos atañe a nosotros los jóvenes.

Gráficamente, la revista tenía un aspecto desorganizado, estaba llena de caricatura e ilustración; se hablaba de rock y mariguana, de gráfica y mezcal, de fotonovelas eróticas, de novelas y de estética caribeña. Tenía una fuerte inclinación por las artes plásticas y la música. Por ejemplo, en los tres primeros números se publicaron textos como el ensayo del crítico Víctor Roura sobre el grupo Botellita de Jerez, uno de los primeros en imponer un estilo nacional a una música internacional. Lo interesante de Botellita es que fue el primero en formular esta estética en un manifiesto, "El rock con aguacate o guacarrock", y elaborar un discurso. Se publicó también un ensayo fotográfico de Armando Cristeto sobre fisicoculturistas, llamado "Apolo urbano", era parte del esfuerzo de los artistas de su generación por representar a los habitantes de una ciudad que ya tenía más de veinte millones de habitantes en 1985. "Apolo urbano", además, daba una mirada gay y erotizada de estos hombres como esculturas griegas. Se publicó también una portada con una imagen de Carla Rippey, un dibujo que representaba a una mujer con un fusil apuntando al *Guernica* de Picasso, una crítica al machismo del pintor español. Se publicaron las viñetas de Jis y Trino, los caricaturistas de Guadalajara que introdujeron nuevo vigor en el género por medio de imágenes surrealistas y cartones absurdos, en vez de cartones políticos y comprometidos socialmente, como era la costumbre. Por ejemplo, se imprimió un cartón que muestra a dos burgueses en su sala mirando con orgullo una alfombra de piel de gato.

Mongo y Rogelio estaban convencidos de que le estaban dando aire al medio intelectual introduciendo la voz de una nueva generación que se sentía más cerca de los nuevos grupos de rock, como Caifanes —en ese entonces llamados Las Insólitas Imágenes de Aurora—, una generación que no tenía espacio ni en las galerías ni en otras revistas.

En esos años, Mongo vivía con una diseñadora de ropa francesa, una mujer rica que tenía una casa en Las Lomas y le hacía ropa a Henri Donnadieu. En una ocasión, ella debía llevar un saco a Henri y pidió a Mongo que la acompañara. Mongo le llevó unos ejemplares a Henri y le propuso presentar la revista en El Nueve. Henri, que estaba ávido de nuevas ideas, aceptó encantado. Aquella noche de julio de 1985 fue memorable. El registro más fiel es de Rogelio Villarreal, que publicó una extensa crónica sobre aquella fiesta de presentación del número 4 de la revista. El texto se llamó "La Regla Rota en El Nueve. Videorrock en vivo". Rogelio cuenta la historia por medio de un supuesto diálogo que entablan varios jóvenes que recuerdan esa noche:

—¿Tú estuviste en la presentación del número 3 de *La Regla*?
—Simón, güey, estuvo poca madre. La música estuvo chingonsísima. Pa' empezar pusieron la grabación del bombazo de Hiroshima, luego una cancioncita supersensual de Marilyn Monroe, "Happy Birthday Mr. President", la que le cantó a Kennedy. Luego se siguieron con Tin Tan, danzones y un chingo de rock, desde los sesenta hasta ahorita.
—Chido.

Los chicos hablan de un performance que hizo Marcos Kurtycz, un artista polaco de vanguardia, avecindado en México, que presentó una regla de cartón a la que dio hachazos hasta transformarla en una multitud de siluetas humanas de tamaño natural que fueron paseadas entre el público. También recuerdan la presentación de Ulalume Zavala, la cantante del recién creado grupo Casino Shanghai, que tocaba un sofisticado sonido techno.

Después de aquella noche, Henri propuso a Mongo encargarse de un evento todos los jueves. Mongo tenía treinta y tantos años de edad y de ser un don nadie en el mundo de la cultura de repente estaba haciendo una revista y trabajaba como director artístico del bar de moda. No se la podía creer. Como el centro de la programación de esos jueves era el rock, Mongo se conectó inmediatamente con la incipiente escena local y comenzó a contratar presentaciones de los grupos que sonaban. Los músicos iban a El Nueve a escuchar a otros músicos; los escritores y los periodistas ligados a la revista ahí conocían a esos músicos y a los artistas plásticos; así comenzó a extenderse la red.

En la crónica de *La Regla Rota*, Rogelio Villarreal hace el recuento de los grupos que pasaron por El Nueve: El Tri, Maldita Vecindad, Las Insólitas Imágenes de Aurora, Bon y los Enemigos del Silencio, Botellita de Jerez.

—Jijos, como cuarenta grupos.

—¿Hay tantos en México?

—Simón. Claro que no todos son buenos, pero Mongo ha tratado de que toquen aquí los más que se pueda. Si la hacen, les da chance de que toquen más veces; si no, pues se hace pendejo y les dice que en tres o cuatro meses.

—Qué chingón [...]

Los ochenta habían visto el amanecer de una nueva era del rock, después de diez años de oscuridad autoritaria. El sol se había metido en septiembre de 1971, luego del Festival de Rock y Ruedas de Avándaro, un pueblo a dos horas de la ciudad de México. Originalmente, se trataba de un evento asociado a una carrera de automóviles. Estaba planeada una noche mexicana, pero los organizadores le habían dado la parte musical a Armando Molina, que representaba a algunos de los grupos de rock del momento. Molina decidió hacer un festival un poco más ambicioso y echó a andar una piedra que se convirtió en una avalancha y terminó congregando a cerca de doscientas cincuenta mil personas y a quince grupos que tocaron de ocho de la noche a ocho de la mañana del día siguiente. El evento estuvo lleno de incidentes: se fue la luz, el sonido era deficiente, el escenario era pequeño, la gente se colocó debajo de las torres de sonido y entre el cableado, lo que provocaba que las líneas de energía fallaran y se interrumpiera la transmisión por radio. La carrera del domingo nunca se llevó a cabo porque la gente abarrotó los caminos. Hubo quien se desnudó, nadó en el río cercano, fumó mariguana, bebió, ondeó la bandera de Estados Unidos como un saludo a la tierra de la contracultura, sacó la bandera de México con el signo de amor y paz, cantó, bailó, tiró botellas y se divirtió.

Una chica se desnudó encima de una plataforma de luces, lo que captó poderosamente la atención de los medios. Durante los días siguientes, casi todos presentaron el festival como un evento de desviados, drogadictos y apátridas nudistas, lo que provocó una andanada de críticas tanto de la derecha como de la izquierda. Unos estaban escandalizados por el libertinaje de la juventud, otros por los efectos enajenantes del rock y su cultura proimperialista. No está claro si el festival tenía la sanción oficial, pero era evidente que concentraciones de jóvenes como ésa eran un peligro por las posibilidades de que se convirtieran en un mitin opositor al régimen. Las autoridades reaccionaron inmediatamente: la Secretaría de Gobernación emitió un boletín sugiriendo a las estaciones de radio no hacer mención del festival; los locutores que transmitieron el concierto fueron destituidos y se censuró el material filmado y grabado de Avándaro. Las disqueras, que tenían planes promocionales para los grupos, recibieron el mensaje del gobierno y sacrificaron su catálogo de rock mexicano. Obviamente, las presentaciones en vivo fueron prohibidas, no sólo las que tenían lugar en sitios comerciales, sino también las tocadas en los barrios, lo que provocó algunos enfrentamientos con las autoridades.

Como lo han señalado los críticos y los historiadores, durante la década de los años setenta el rock mexicano se metió en las catacumbas de los *hoyos fonqui*, como se les llamaba a los lugares donde había conciertos clandestinos, aunque no perdió por completo su vitalidad. Según el músico e investigador José Luis Paredes Pacho —que fue baterista de Maldita Vecindad durante dieciocho años—, en 1980 hubo un acontecimiento que lanzó el primer rayo de luz de una nueva época: la aparición del Tianguis Cultural del Chopo, un mercado callejero donde confluyeron las subculturas urbanas y musicales de la ciudad.

El primer mercado se celebró dentro del Museo Universitario del Chopo, una estructura prefabricada de metal de principios del siglo XX que tiene aspecto de iglesia. Había sido un sitio de exposiciones industriales que luego alojó una colección de historia natural, notablemente, el esqueleto de un dinosaurio. El mercado fue una idea de Jorge Pantoja, melómano, joven funcionario del museo cuyo proyecto era, precisamente, difundir la cultura del rock. Pantoja llamó a coleccionistas y a disqueras independientes a reunirse en el museo con el fin de intercambiar discos. Posteriormente el mercado contaría con un escenario para actuaciones de grupos musicales. La respuesta fue extraordinaria y demostraba una avidez de consumidores y productores de música gustosos por salir del rincón donde habían estado esperando en los años setenta.

Un problema con el sindicato del museo —debido al excesivo trabajo que les significaba— obligó al tianguis a salir de las instalaciones a la calle. Y así comenzó su vida independiente. El mercado fue rodando por la ciudad, enfrentándose con autoridades, extorsionadores y vecinos, al mismo tiempo que creció en la estima de su público y en su capacidad de autogestión; era como si la resistencia a los embates externos lo fortaleciera.

Junto con el Chopo seguían existiendo los *hoyos fonqui*, donde los grupos tocaban rhythm and blues y rock pesado, y también los extorsionaban tanto como a los asistentes, ya que sus organizadores estaban amafiados con las autoridades. Pero había otros espacios que Pacho llama "sin identidad exclusivamente rockera", donde también se presentaban estos grupos, como las librerías El Ágora y Gandhi, ambas en el sur de la ciudad, o el foro de la tienda de instrumentos llamada pomposamente Sala Chopin.

Un lugar importante para esta época fue Hip 70. Era una tienda de discos de rock que abrió Armando Blanco a finales de los años sesenta en el sur de la ciudad. Blanco era un *hippie* afectado por la matanza de Tlatelolco de 1968. Sentía que "ellos" acosaban a la cultura alternativa asociada al rock y debía promoverla, se impuso la tarea de viajar por el mundo —principalmente a Los Ángeles— para traer los discos y venderlos en México. "Es difícil ser roquer en Nacolandia", escribió en sus memorias *20 años de aventuras en Hip 70*. Esas memorias, por cierto, son un extraño documento que cuenta sus viajes por Estados Unidos. Allí se refiere a sí mismo en tercera persona como Hip Kid o Herman de Witt, como si escribiera en clave de Jack Kerouac. En cualquier caso, a finales de los años setenta Hip 70 abrió un pequeño sitio de conciertos en el piso de arriba de la tienda y comenzó a producir algunos discos. Se presentaron toda clase de grupos, pero dos de ellos, Dangerous Rythm y Size, tocaban un nuevo sonido punk y new wave ante un público de clase media. Los chicos de ambas bandas eran asiduos a El Nueve, incluso antes de que comenzaran las tocadas de rock.

En 1985, cuando Mongo comenzó a convocar a las bandas musicales a ir a El Nueve, los espacios de concierto se estaban ampliando. Había, además, más y mejores grupos. En esta primera mitad de la década se fueron formando las agrupaciones que luego descollaron cuando la cultura del rock se normalizó. Una de ellas, Botellita de Jerez, resultó, como lo señalaba Roura en su ensayo publicado en *La Regla Rota*, una de las más exitosas en sintetizar una propuesta de rock nacional. Según Pacho, en Botellita confluyen dos ánimos de la época: por un lado, está la estética de ciertos grupos artísticos de vanguardia, específicamente el No Grupo, contemporáneo de Peyote y la Compañía, y su apropiación de las máscaras de luchadores y otros símbolos de la cultura popular en sus performances; por el otro, está una manera de habitar la ciudad, una manera infrarrealista —que Roberto Bolaño retrata en *Los detectives salvajes*— que se apropia de algunos sitios viejos, del Centro Histórico, de la colonia Roma y de otros barrios tradicionales. Botellita de Jerez sintetiza además otra experiencia de la época: la confluencia de lo local y lo global, muy visible en las bandas de jóvenes punk que comenzaron a aparecer en los barrios marginales, entre los basureros del poniente de la ciudad de México: los Sex Panchitos o las Bandas Unidas Kiss, jóvenes violentos que enseñaron una forma de resistencia inédita en el país; y así les fue, pues las autoridades de la ciudad los enfrentaron con encono y alarma moral.

Pocos días antes del temblor, los integrantes de Botellita de Jerez abrieron un bar donde se presentaban los grupos en condiciones mucho más dignas de lo que habían conocido hasta ese momento. Lo llamaron Rockotitlán, una referencia obvia al artefacto local-global que ellos proponían. Pacho recuerda que en Rockotitlán se publicó un manifiesto de nacionalización del rock, en tono de parodia —y con un guiño a la nacionalización de la banca de 1982—, según el cual se exigía a los grupos tocar en español con piezas originales, lo cual permitió que la mayoría de las bandas dejaran finalmente de cantar en inglés.

La aparición de la estación de radio Rock 101 en la FM significó otro cambio mayúsculo. Pacho, en *Derecho a la fiesta. Rock y autogestión en la ciudad de México,* asegura: "Fue una innovación histórica en el lenguaje de la radio mexicana y alimentó los oídos hambrientos de quienes sabían lo que sucedía en el extranjero aunque no tenían fácil acceso a ello". No es que las estaciones de radio hubieran pasado por completo de la música para jóvenes. Había algunas buenas propuestas, notablemente el programa *El lado oscuro de la luna*, conducido por el escritor Juan Villoro entre 1977 y 1981 en Radio Educación. Sin embargo, la mayoría de las estaciones juveniles estaba dominada por las disqueras y programaba hasta el cansancio los éxitos de la música disco en la banda de amplitud modulada.

Nadie estaba haciendo caso a la FM. Luis Gerardo Salas, un joven melómano, sobrino del fundador del Núcleo Radio Mil, en 1979 comenzó a experimentar con una primera estación dedicada completamente al rock: Sonomil 101. Salas intentó nuevas maneras de programar. Todas las estaciones ponían la misma música a toda hora; Luis Gerardo sabía que los días y sus horas tenían diferentes ritmos. Hubo una programación para las mañanas, las tardes y los domingos. En 1980 dejó la estación un par de años para estudiar la carrera de comunicación, pero se dio cuenta de que se aprendía más en la cabina y regresó en 1982 para hacerse cargo de Proyecto 101, el antecedente de Rock 101. Él y su equipo ampliaron el horario de transmisión (antes las estaciones programaban música sólo parte del día) e hicieron algunas modificaciones técnicas para que la estación sonara mejor, pero siguieron programando los éxitos musicales del momento. Había un mundo musical allá afuera: se hablaba de The Clash, los Sex Pistols, U2 y The Police como seres de otro planeta y a nadie se le ocurría que su música podía ser parte de cualquier programación. El vigésimo aniversario de los Rolling Stones en 1983 fue la oportunidad para intentar dar un giro más rockero. Hicieron un programa seriado con la historia de los Rolling, que resultó exitoso. El dueño de la estación, tío de Luis Gerardo, pensaba que si esa música le chocaba, seguro era buena para los jóvenes;

pero el director general y el de operaciones estaban completamente en contra del proyecto. Mandaron traer a un especialista que, corbata floja y cabellera despeinada, dictaminó que en México el rock no funcionaba porque era un sonido muy sofisticado; lo mejor sería hacer una estación de música para bailar. En cambio, Salas pensaba que si lograban convencer a una parte de los jóvenes, acabarían por prevalecer. Le dieron un plazo de seis meses para probarlo; si no lo lograba, se iría de la estación.

En junio de 1984 finalmente salió al aire Rock 101. Su programación no estaba dictada por las necesidades de las disqueras sino por el gusto musical de Salas y sus amigos, que resultó ser el de miles y miles de jóvenes que ya escuchaban esa música en discos y casetes importados. Los locutores de la estación presentaban las canciones y daban el suficiente contexto para que el auditorio pudiera apreciar mejor lo que estaba oyendo. (Salas llama "radio" a lo que pasa entre canción y canción.) Además, los programadores ampliaron el espectro musical tratando de no repetir canciones. Había programas especiales de salsa, por ejemplo. El punto era que el auditorio pudiera estar acompañado horas enteras sin tener que escuchar una vez más el éxito machacón del momento. O, como sucedió en alguna ocasión, transmitieron por un día entero la canción más pedida de la estación, "Stairway to Heaven" de Led Zeppelin, con la esperanza de que el público se hartara de ella. Había una extraña libertad para experimentar. Rock 101 también introdujo con mucho éxito la música en español. Debido a un viaje a España en 1984 para cubrir un concierto de Miguel Ríos, Salas regresó cargado de discos, y la estación comenzó a programar rock ibérico casi desde el inicio, pero no de manera aislada, sino junto con las bandas consagradas. Se dieron a conocer músicos como Miguel Ríos, Alaska y Dinarama y Radio Futura. Hubo también una buena dosis de rock argentino y, de manera notable, se programaron grupos mexicanos, principalmente los que acababan de grabar con Comrock, un sello musical de reciente cuño.

Comrock era propiedad de Chela Braniff, la conductora de un programa de concursos de baile disco que a finales de los años setenta se transmitía por uno de los canales de mayor audiencia de Televisa, y de su esposo, Juan Navarro, un publicista español que entendió que había en la ciudad de México un fenómeno parecido al de la *movida* madrileña y quiso sacarle jugo. Aunque Chela era muy famosa y venía de una de las familias prominentes de la ciudad, estaba en cierta medida en el *underground*. Era asidua a El Nueve. Asistía dos o tres veces por semana al bar y en algunas ocasiones continuaba las fiestas en su casa con sus amigos artistas, cineastas y galeristas, pero también de la mano de la nueva generación de chicos punk de clase media, el mismo círculo de admiradores que rondaban a Piro Pendas, de Ritmo Peligroso, y a Illy Bleeding, de Size. Sí, ella había sido la reina de la música disco, pero en realidad le gustaban The Clash y los Sex Pistols.

Después de que cancelaran el programa de baile, Chela estudió actuación con Juan José Gurrola y apareció en un par de obras dirigidas por él. Por esa época se casó con Juan Navarro, a quien se le ocurrió formar una disquera con los grupos de rock. Navarro había vivido la época del destape en España y vio cómo del *underground* salieron muchos músicos. Para promocionar sus discos, Chela decidió utilizar sus contactos con Televisa además de hacer una alianza con Luis Gerardo Salas.

Comrock tenía un estudio en la cerrada de Avestruz, en medio del territorio de la banda de Los Panchitos. Allí grabaron a Ritmo Peligroso, a Casino Shanghai, a Kenny y los Eléctricos: dieciséis discos de rock mexicano en total. Como señala Pacho, a diferencia de Botellita de Jerez, algunos de estos grupos habían comenzado a cantar en inglés, el único lenguaje posible en su horizonte musical, pero se fueron castellanizando conforme avanzaba la década. Comrock grabó un disco de El Tri (antes Three Souls in my Mind), llamado *Simplemente el Tri*. Se trata de uno de los grupos que tiene mayor comunicación e identificación con el público, un verdadero sobreviviente, que tocó en Avándaro y se hizo muy popular en medio de las indignidades y las dificultades para el rock en los años setenta. Había grabado ya quince discos. Su líder, Álex Lora, era carismático, y con el disco de Comrock y su difusión por Rock 101 se convirtió en un fenómeno entre las clases medias.

La escena musical estaba evolucionando rápidamente, El Nueve era uno de sus foros, y a los asistentes del bar les hacía ilusión formar parte de algo que sucedía también en otros rincones del mundo, como testifica Rogelio Villarreal:

"¡Bájate los calzones!" Una chava buenísima se levanta la falda y deja ver su minúsculo bikini blanco al tiempo que pinta violines al personal y grita otra vez con su voz potente y enronquecida: "¡Bájate los calzones!, ¡bájate los calzones!" Se dirige implorante a Saúl, guitarrista y cantante de Las Insólitas Imágenes de Aurora [hoy Caifanes], que le dice que sí, al ratito. Ésa la tocan casi siempre al final y apenas llevan dos rolas. Aun así la niña, que está al fondo encaramada en el desnivel, se deja venir y atraviesa con pasmosa facilidad la pista, embarrando su cuerpo sudoroso en decenas de cuerpos, llega a Saúl, sube al estrado y le suplica con aliento alcohólico: "¡Bájate los calzones!" Saúl ríe y se hace pendejo. La chava enfrenta al público y baila lúbricamente mientras Las Insólitas empiezan otra canción: "En las noches yo me siento/ completamente solo/ solamente yo me siento/ no quiero sentir vacío". Un güey que ya está hasta atrás no se queda con las ganas y le alza la falda a la gritona. Todos se ríen y él alcanza a esquivar la patada cargada de furia fugaz.

—Police en Londres, Talking Heads en Nueva York y Las Insólitas en México —afirmo contundentemente—, ¿o no?

[...]

—Sí, excelentes, magavillosos —consiente Henri Donnadieu, dueño del congal.

En El Nueve han tocado los mejores grupos de rock, desde que Henri le dio chance a Mongo de presentar ahí (¡pucha, en junio de 1985!) el número 3 de *La Regla Rota*.

Capítulo once

Había una versión más gay de ese rock, una fibra más cercana a El Nueve, más cosmopolita, que no quería sonar como una versión local de un fenómeno global, sino que se sentía global por derecho propio. Para entenderla hay que jalar un hilo que va desde principio de los años ochenta: Jaime Keller, alias Illy Bleeding, del grupo Size y Ulalume Zavala, Ula, de Casino Shanghai.

Hay una foto de Illy en blanco y negro que corresponde a esa época, tiene dieciocho o diecinueve años y está vestido con unos pantalones entubados y una chamarra de piel. La cara, de perfil, ve hacia la derecha, el brazo izquierdo está extendido y sostiene un micrófono. Illy está congelado en un movimiento de baile: tiene una pierna doblada y la cabeza inclinada con la mano derecha en la mejilla. Está con los otros integrantes de Size, el grupo del que era vocalista: Denisse Sanborns (Walter Schmidt), This Grace (Carlos Robledo) y Dean Stylette (Alfonso Moctezuma). Ellos eran *punk rockers*; y, salvo Moctezuma, también gays.

Size se convirtió en una especie de mito urbano. Era casi imposible que existiera un grupo así en una ciudad tan hostil al rock. Tenían un sonido novedoso y sofisticado. Había comenzado como un grupo punk que rápidamente evolucionó hacia el new wave: un rock que usaba sintetizadores, cajas de ritmos y baterías electrónicas. Era una banda de músicos experimentados y cultos: Charlie y Walter habían sido miembros de un grupo de rock progresivo y música concreta llamado Decibel, que apareció en 1974 y desapareció en 1979. Tocaban entre los artistas de vanguardia en lugares de concierto de música culta o en museos de arte. Charlie también fue editor literario de la revista *Sonido* y por eso tenía información de primera mano sobre lo que estaba pasando en otras partes del mundo. Illy Bleeding era hijo de un mexicano de origen suizo y de una española, cuya familia se había refugiado en México por la Guerra Civil: su bisabuelo era el pintor academicista valenciano Antonio Cortina. Hizo la preparatoria en un internado de niños ricos en Toronto. Era un adolescente aislado que los fines de semana se quedaba en la escuela, encerrado en el auditorio, mientras los demás se iban a sus casas, y entonces se ponía a tocar el piano, inspirado por David Bowie —tocaba, además, el saxofón y la guitarra—, y usaba vestuarios que mandaba hacer con las costureras de la escuela.

Es difícil saber si lo que decía Illy —que murió en un accidente automovilístico en 2011— de sí mismo sucedió realmente. En todo caso contó que un día Alex Botrey, un músico que luego se convertiría en el pianista del grupo británico de música experimental Henry Cow, lo vio en el internado y le dijo que él sabía que le gustaba mucho David Bowie y que ese fin de semana su amigo el coreógrafo y mimo Lindsay Kemp —discípulo de Marcel Marceau— le ofrecía una fiesta a Bowie en el Hotel Ritz de Nueva York. Lo invitó a pasar el fin de semana en su casa, en Manhattan, para que conociera a Bowie y, si se conectaba, se metiera a tomar clases con Kemp. Según Illy, así comenzó su carrera. En esa primera fiesta en efecto estuvo con Bowie y con Lindsay Kemp y se puso en contacto con la escena musical. Tuvo un grupo de punk que se llamaba Pebble. Iba al Club Davis que se rentaba todos los jueves para los grupos punk. Conoció a Iggy Pop, Frank Zappa, Emerson, Lake and Palmer y Lou Reed. En un video que circula en YouTube, Illy cuenta que también conoció a Nazi Dog de los Viletones y a Stiv Bators de los Dead Boys, dos grupos de punk. Una nota de Marco Antúnez en la revista *Performance* en 2010 confirma esta información. Antúnez escribió que Illy organizaba *riots* en Nueva York con estos dos amigos. Además:

> Entre la selecta comunidad que componía al séquito de Kemp se encontraba Illy, que no sólo hizo buenas migas con Bowie: incluso lo acompañó a comprar libros, discos y, años más tarde, cuando Iggy Pop intentaba dar el salto a la fama, Bleeding y Bowie tocaron en los pequeños shows de Iggy, en sus primeros bandazos hacia el éxito.

Illy le contó a Antúnez: "Si conocí a todos los grupos de finales de los setenta se debió a que éramos pocos y era fácil identificarnos: debíamos juntarnos, hacer algo".

En 1978 tuvo que regresar a México porque su abuelo, que pagaba la escuela en Toronto, murió. Aquí se concibió a sí mismo como el primer punk de México, título que le disputaba a Piro Pendas, fundador de Dangerous Rythm, que venía de Los Ángeles. Illy era, en todo caso, un punk enojado porque él quería seguir en Canadá. Formó un primer grupo de música con un viejo amigo, Pepe Guadalajara. El grupo se llamó Lady Bleed. Luego Illy conoció a Walter Schmidt, con quien formó un grupo de vida efímera llamado Plastic Cocks. Estaban otros dos precursores musicales: Javier Madariaga y Jesús Bojalil, alias Capitán Pijama. A finales de 1979 finalmente se formó Size, con Robledo, Schmidt y Moctezuma, un baterista que les presentó Piro Pendas. Comenzaron a aparecer en foros disponibles, en discotecas, en centros culturales, pero su primer escenario fue Hip 70 donde compartieron fama con Piro.

Size era un fenómeno: "Esa noche como otras noches se arremolinaba el bululú en la entrada del club Hip 70, trescientas personas escogidas por lo chic y el *glamour* vestían lo que la moda imponía para ir a ver y escuchar en vivo el rock estilizado de Size", escribió Armando Blanco en *20 años de aventuras de Hip 70*. "Sucede que un solo grupo influía en la conducta de todos sus seguidores. Tenían pose neoyorquina y sexo también de primer mundo, digamos".

En noviembre de 1980 Size fue escogido como el grupo que abriría a The Police en la ciudad de México. El Distrito Federal era el final de la gira Zenyattà Mondatta que llevó a The Police a ciudades donde normalmente no se escuchaba rock. Para saltar la prohibición tácita que pesaba sobre los conciertos de rock en el país, éste se planeó en un salón del Hotel de México, el edificio más alto de la ciudad que entonces era más bien una ruina, pues se había quedado a medio construir. Los organizadores concibieron el concierto en formato de cena-baile, con escenario y mesas: la comida estaba incluida.

El día del concierto, Size apenas pudo tocar porque se organizó un motín. Resulta que llegaron representantes del poderoso Sindicato Único de Trabajadores de la Música del Distrito Federal, cuyo líder era Venus Rey, una especie de gánster de orquesta, y poco después de que el grupo hiciera la prueba de sonido les exigieron que se bajaran del escenario: debido a una medida del corporativismo priísta, todos los músicos en la ciudad de México debían ser miembros del sindicato. Size comenzó a tocar de cualquier manera. Según contó Illy a Marco Antúnez, pasaron dos cosas: por un lado, los representantes del sindicato comenzaron a hablar con los técnicos para cortar el sonido a ciertos instrumentos de la banda; por el otro, Illy organizó la algarada tirando por el aire unas pizzas que les habían dado.

Para mí eran *frisbees* —dijo Illy a Antúnez en 2009—. La banda se prendió como nunca, comenzaron a lanzarse cosas y a gritar; y con esa excusa nos empezaron a bajar como dios y los gorilas sindicales mandan: por la fuerza. The Police salió a ver qué pasaba, pues el *riot* retumbaba cabrón. Cuando Sting vio lo que pasaba, pidió que nos dejaran terminar nuestro acto. Como no todo Size estaba contento con esto, pues los que nos animamos nos echamos otra rola, mentamos madres, nos burlamos de los que nos querían bajar y ya después terminamos con otra rola. Les guste o no, prendimos a los asistentes, iniciamos como se debe, y sólo tocamos las rolas que se pudieron. Mis amigos siempre dijeron que eso no fue abrir a The Police, pero para mí suena fresa. El punk no es una cosa de formas establecidas, así que por mí, tres rolitas, un *riot* y un desmadre en el *backstage* son suficientes para decir: Size estuvo ahí.

Los seguidores de Size eran chicos rebeldes de clase alta que usaban disfraces y maquillaje. Creían que para destacar había que cultivar una personalidad propia, actuar como si estuvieran en otra ciudad. Los más íntimos se reunían en los ensayos de Size, en una casa cerca del Parque Hundido, en el sur de la ciudad, que les había prestado un amigo. Si Illy no hacía una rabieta y corría a toda la concurrencia, entonces lo seguían para continuar la fiesta en algún otro concierto de rock o en alguna fiesta privada. Podían irrumpir en seis o siete reuniones en una noche, sólo por el placer de ir a poner sus discos, destruir la reunión, robarse el alcohol, irritar a todo el mundo.

También iban a El Nueve, el lugar que tenía un estatus de vanguardia, donde no entraba cualquiera. Era el lugar que colonizaron sólo los más adelantados, antes de que lo hicieran los demás grupos de rock. Según Illy, era el lugar de la gente qué sabía de qué diablos se trataba su espectáculo, de la gente que sabía quién era Klaus Nomi y dónde estaba la Calle 10 en Nueva York, entre la Primera y Segunda Avenida, el lugar donde él había vivido.

En El Nueve se divertía aquel zoológico que formaban los niños estrafalarios: Juan Pablo Graham, el incipiente pintor que llevaba una maleta llena de ropa para cambiarse de look todas las noches; Guillermo Santamarina, el más culto e informado de todos ellos, que trabajó en una de las primeras tiendas de discos importados llamada Yoko Quadrasonic; era idéntico a Johnny Rotten de los Sex Pistols y se había convertido en una especie de director de arte y vestuarista de Size. (En El Nueve —dijo Santamarina— tenían la oportunidad de relacionarse con una generación anterior, que también tenía su buena dosis de *glamour* y cosmopolitismo. Algunas de esas personas no tenían fama, pero otras sí eran conocidas, como Chela Braniff o el grupo relacionado con la moda, como Alfredo Elías Calles, nieto del presidente Plutarco Elías Calles, que encarnaba a un personaje llamado Sandokan, o Pixie Hopkins, la inglesa que había sido bailarina del Crazy Horse y que había puesto una tienda de ropa.) Estaban Adriana Olivera, la Pájara, la chica de Las Lomas que usaba lentes de abuelita y vestidos de los cincuenta que compraba en el Junior League, una cooperativa de ropa usada en Polanco, y que era corista de los Pijamas A Go-Go, el grupo de música electrónica formado por Santamarina y el Capitán Pijama; Ricardo Nicolayevsky, novio de Illy Bleeding, que grababa en Super-8 a sus amigos en drogas alucinógenas y componía música; Ariane Pellicer, la hija de la actriz Pilar Pellicer, que había desarrollado un look muy parecido al de Nina Hagen, y por eso le decían Nina la Punk, un personaje que finalmente terminó en la televisión, y Ximena Cuevas, la hija del pintor José Luis Cuevas, que sacaba fotografías y se comportaba mal para provocar al mundo.

Una de las chicas más atractivas de este grupo se llamaba Ulalume Zavala. Tenía una energía similar a la de Illy, sobre todo porque también pensaba que la visa de su pasaporte musical le daba entrada a cualquier parte del mundo. Era una chica muy hermosa, de cabello negrísimo y facciones fuertes, que había vivido entre Nueva York, París y la ciudad de México. A los trece años ya había conseguido una identificación falsa con una lesbiana que le gustaban las muchachitas y se disfrazaba de persona grande para entrar a El Nueve, cuando el bar comenzaba, tenía todavía parte de la decoración del restaurante y era el centro de operaciones de Xóchitl, con su corte de vestidas y su aire de diva matarife.

Ula era una adolescente en busca de un escenario. Durante unos meses probó el rhythm and blues con un grupo de amigos de Coyoacán. En ese entonces la moda era dejarse el pelo libre y ponerse una plumita en la cabeza, pero era una moda donde Ula no encajaba. Hasta que un día, precisamente cuando festejaba sus catorce años, llegaron a su casa Piro Pendas y su grupo, que estaban vestidos con ropa de piel, tenían una actitud punk y armaron un desmadre. Piro, por ejemplo, encontró un hacha y comenzó a tumbar un árbol del jardín. (Piro no se acuerda de esta anécdota porque entonces consumía muchos *downers*, pero dijo que si Ula la contó, seguramente era cierta.) Ula quedó fascinada y se volvió su amiga. Por ellos fue a Hip 70 y allí conoció a Illy Bleeding y Size. Comenzó a seguirlos. A Ula le gustaba cantar y se aprendió las canciones en los ensayos. Tenía una voz profunda. Un día Charlie la escuchó y la invitó a cantar con Size. Illy compuso una canción llamada "Me I lost you" para Ula. La primera vez que se presentaron juntos fue en Hip 70. "Ula y Bleeding habían ensayado una aparición espectacular sobre el escenario —escribió Armando Blanco—. Se trataba de precipitarse desde el segundo piso del club Hip 70 para caer en medio de los fanáticos [...] Estos bellísimos críos se arrojaron hacia la planta baja con gran valor vestidos en piel negra símbolo *leather*".

Ula piensa que conforme Size fueron incluyendo mujeres en el espectáculo —las otras dos *go-go girls* que se incorporaron fueron Pilar Escarré y Ariane Pellicer— el espectáculo se fue suavizando. Al principio era muy punk y a Illy le gustaba tomar a alguien del público, jalonearlo y aventarlo, o cortarse el pecho. Aunque era muy agresivo, también era muy amanerado. Cuando se incorporaron las *go-go girls*, se volvió menos gay, de cierta manera. La presencia de las mujeres le daba un tono más heterosexual y más fácil de digerir.

Ula proyectaba una personalidad fuerte que generaba conflictos y estaba lista para dirimirlos a puñetazos. "Ula está muy bonita. No sé si por eso provocó el incidente o si Scarlett la molestó y Ula le pegó bonitamente: la arrastró tomada de los cabellos dejando ver las torneadas piernas desnudas", escribió Armando Blanco.

A pesar de su éxito inicial, en 1984 los integrantes de Size se sentían estancados. Ulalume comenzó a buscar una nueva escena y a tener sus propios seguidores. Se regresó a Nueva York, donde formó Lost Continents, un grupo con Carlos Vivanco y Carlo Nicolau, dos chicos que hacían música para películas. Tocaron en The Pyramid y en Danceteria, los clubes punk, *drag* y new wave donde también se presentaban New Order, Madonna y Depeche Mode. Lost Continents era un grupo de música electrónica, en la onda de Kurt Weill; estaban a punto de grabar un disco luego de que la manager de Lou Reed, Jane Friedman, les presentara un contrato. Pero el acuerdo inicial tenía condiciones muy duras sobre las regalías. Los chicos consultaron a un abogado neoyorquino que les aconsejó no acceder y se abortó el proyecto.

Otro día Ula estaba en la ciudad de México de vacaciones. Mongo le dijo que le organizarían una fiesta en El Nueve. Ula pensó que era una buena oportunidad para hacer un show. Habló con Charlie Robledo y Walter Schmidt, se reunieron para ensayar algo y en una semana tenían cuatro o cinco canciones. Era algo nuevo: ¿new wave?, ¿electrónica?, ¿música para bailar?

Ula y Janos Gat, un amigo suyo, poeta húngaro que vivía en México y con quien tuvo una relación, escribieron las letras. Eran poemas de amor y desilusión. Charlie hizo la música; Walter, los efectos y las atmósferas. Crearon un sonido techno-pop, pero no era un techno feliz, sino algo oscuro, decadente y glamoroso, con toques góticos, como la propia personalidad de Ula. Llamaron al grupo Casino Shanghai.

Al terminar su presentación en El Nueve, el público estaba eufórico. Esa misma noche, o días después, dos productores se acercaron a ellos y les ofrecieron hacer un primer disco, que iba a ser distribuido por Comrock. La disquera ya tenía a Ritmo Peligroso, a Kenny y los Eléctricos, un grupo de rock liderado por la cantante Kenny Avilés, y a El Tri, pero les faltaba un grupo techno.

Al principio todo sonaba muy bien. Pero Comrock ya no tenía dinero para el video promocional. Era la primavera de 1985. Casino Shanghai grabó el disco en la madrugada, en los tiempos libres de un estudio: las sesiones eran de diez de la noche a la cinco de la mañana. Tomó algo de tiempo mezclar el disco, que salió a las tiendas en diciembre del mismo año. La portada mostraba a Charly y a Ula en primer plano; Charlie de esmoquin, Ula de vestido largo. Había humo, como si estuvieran en un casino, y estaban sobre una silla vienesa. Una lámpara de pie *art déco* los acompañaba, pero no los iluminaba. Detrás de ellos, con traje y sombrero, estaba Humberto Álvarez, que se integró al grupo después del concierto de El Nueve. Carlos Robledo aparecía parado, también con esmoquin. El álbum tenía ocho canciones originales.

Chela Braniff utilizaba los mecanismos de promoción que conocía: notas en las secciones de espectáculos y presentaciones en los programas de Televisa, que desde ese momento vivía un periodo de auge con las telenovelas, los espectáculos para niños como *El Chavo del Ocho* o los grupos musicales infantiles como Timbiriche. Estas presentaciones de un grupo tan raro en un esquema tan convencional creaban situaciones extrañas, a las que la gente no sabía cómo responder. Por ejemplo, el día de la presentación en un programa nocturno que se llamaba *En Vivo*, la conductora —saco blanco, peinado alto, aretes grandes, aire de tener mucho sentido común— anunció a Casino Shanghai. Tomó su barbilla con la mano y leyó en su tarjeta que el grupo era "exponente del llamado techno-pop", lo pronunció como algo que escuchaba por primera vez. "Yo no entiendo nada —dijo a su coconductor—. Me imagino que tú sí." Después de presentar al grupo se escucharon algunos aplausos y la imagen en la televisión hizo una disolvencia hacia Ulalume en primer plano. Ula llevaba un vestido negro *strapless* largo, de satín, o algo parecido, que tenía dos colas. Usaba un sombrero con una pluma blanca y guantes blancos: tenía los labios pintados de un color intenso. Se veía glamorosa, con un aire de las actrices mexicanas de los años cuarenta, pero también se veía fuera de lugar. Carlos y Walter tocaban los teclados al fondo. (Humberto había dejado el grupo en 1986.) Estaban vestidos de esmoquin. Ula cantó: "Cuerpos huecos, sueños vacíos, siempre igual aún están, recordando imágenes inextricables y una atmósfera hostil..."

Resultaba aún más raro, cuando hacían giras a otras partes del país. Se presentaron en ciudad del Carmen, un pueblo petrolero, y la gente se preguntaba: "¿Qué es esto?" También tocaron en Monterrey, en una plaza de toros, a la luz del día. También era extraño —pero eso le pasaba a otros grupos que usaban sintetizadores— que por exigencia del Sindicato Único de Trabajadores de la Música tuvieran que pagar una multa porque no usaban baterista. Esto sucedía en cada concierto grande. Un día le tuvieron que abrir a un grupo belga de paso por la ciudad, pero el sindicato tardó una hora y media en darles permiso para tocar.

En El Nueve se sentían mejor. Una vez, Ula se encontró con una reja que estaba, inexplicablemente, entre el escenario donde iban a tocar y la gente. Decidió sacar ventaja de la situación y se aventó contra la valla mientras cantaba. El micrófono, al contacto con el metal, la electrocutó levemente y eso la excitó. Entonces Ula tomó vuelo de nuevo y se aventó contra el alambrado una y otra vez. Ula pensaba que la reja se iba a caer y el público se hacía a un lado, gritando "¡Ahhh!" cada vez que Ula chocaba contra la valla. Henri se puso furioso y la llamó al orden. Ula obedeció.

Lo que no era negociable era plegarse a las exigencias de la mercadotecnia impuesta por la tendencia "rock en tu idioma". Todos los demás grupos habían cambiado, incluso, su nombre original del inglés al español. Casino Shanghai cantaba canciones en español, francés e inglés, y se convirtió en el grupo que no podía ir a los festivales, que no tenía ningún lugar en la mercadotecnia de las disqueras. Al final sus integrantes se desanimaron por todos estos obstáculos, comenzaron a tener otros intereses y se disolvieron en 1987. El *master* del único disco que hicieron se perdió y hoy es imposible conseguir una buena grabación del grupo.

Capítulo doce

Henri trataba de mantener algún orden entre los chicos del laboratorio urbano, los actores de la Kitsch Company y El Olivo. Era un equilibrio inestable, porque las juergas se intensificaron a partir de 1986, piensa él, por la presencia tan evidente de la muerte. Henri nunca había visto tanta cocaína como ese año, sobre todo en la época del Mundial. Él mismo comenzó a aficionarse a las drogas —probó por primera vez la coca en la casa de Jacqueline Petit, pero entonces no le interesó demasiado—. Al principio inhalaba cantidades moderadas del polvo blanco e intentaba mantener el equilibrio entre el trabajo y la diversión, pero con el paso del tiempo las cosas comenzaron a girar con mayor velocidad.

Otra de las razones de esta aceleración es que Henri imaginaba que tenía sida. La gente a su alrededor comenzaba a recibir malas noticias y él estaba seguro de haber contraído el VIH, había manifestado algunos síntomas: sudores nocturnos, diarrea; a diario se tocaba las axilas para detectar ganglios inflamados y se encontraba con que había desarrollado unas bolas bajo el brazo. Curiosamente, Henri también entró en un ciclo más creativo. Se daba cuenta de que esas noches tan fuertes, tan locas, también contribuían a acrecentar la fama de El Nueve como un lugar de liberación y tolerancia. Las jornadas se vivían intensamente y él sentía una combinación de placer y deber de consumirse allí, morir todas las noches, para poder renovarse al día siguiente.

Por aquella época también cambió de pareja. Dejó a Doctor y comenzó a salir con un muchacho de dieciséis años. Henri había conocido a Doctor a finales de los años setenta, en el disco-bar El Nueve de Acapulco. Manolo, que estaba en la ciudad de México, necesitaba enviar a Henri un nuevo mezclador de sonido que debía llegar esa noche, así que fue a comprarlo a la calle de Victoria y de ahí se trasladó al aeropuerto. Se paró cerca de la gente que iba a tomar el vuelo a Acapulco, se fijó en que había un par de chicos gays y les encargó llevarse el aparato para entregarlo en la disco. Les invitaría las copas en la noche. Así fue como Henri recibió el mezclador y conoció al estudiante de medicina.

Sus vidas no podrían ser más diferentes: Doctor era una persona muy discreta, conservadora y estructurada, que estudiaba arduamente durante el día. Henri, el hiperactivo nocturno, llevaba una vida agitada que terminaba a altas horas de la mañana. Pero Doctor admiraba el mundo de Henri, culto y sofisticado, y Henri, la tenacidad de Doctor. Además, sentía genuina curiosidad por el mundo de la medicina; después de todo, él también había sido aspirante a médico en Montpellier.

El nuevo muchacho en escena, en cambio, era un sinaloense de una belleza extraordinaria: moreno, con los ojos verdes e intensos y los labios encarnados. Alonso Guardado acababa de llegar a la ciudad de México con la idea de estudiar actuación. Vino en contra de la voluntad de sus padres, pero quería salir de Mazatlán, entre otras cosas porque ya se había despertado la violencia asociada al tráfico de drogas. Estaba hospedado en un hotel cerca de la Glorieta de Insurgentes. En una ocasión fue al cine en la Plaza del Ángel, en la Zona Rosa, y al salir por la calle de Londres vio un bar: la gente que hacía cola para entrar era muy estrafalaria. Alonso se metió al sitio y le pareció fantástico; pensó que era un buen lugar para pedir trabajo.

Preguntó quién era el dueño y señalaron a Henri. Esa noche Alonso se dedicó a observarlo. Al día siguiente se presentó de nuevo en el bar, preguntó por Henri, le dijeron que no había llegado, pero le dieron la dirección de su casa. Alonso fue a la cerrada de Varsovia y Henri quedó maravillado por la inocente belleza bronca del adolescente norteño.

Henri no quería esconder a Alonso y le pareció que, después de tantos años de vida en pareja, podría hablar con Doctor: le dijo que estaba viendo a un muchacho recién llegado de Mazatlán, e incluso hizo un intento por presentarlos en un restaurante chino de las Lomas de Chapultepec. A Doctor le costó trabajo aceptar al nuevo amante de Henri, aunque dejó que el tiempo corriera para ver qué decía su corazón. Una semana después, Henri se fue a Acapulco con Alonso y de regreso se encontró con que Doctor se había ido de la casa.

La relación entre Henri y Alonso nunca fue suave. Alonso no era un chico tímido de provincia, ni mucho menos, sino un sinaloense curtido en la Montuosa, el barrio popular y bravo de Mazatlán. Tenía un carácter decidido; era un machito, que no se iba a dejar avasallar por el brillo social y el poder de Henri. Tenían un carácter similar; los dos eran muy rebeldes, y el aprendizaje de Alonso, su gusto por la música, la moda, la cultura y la literatura, se dio en la escuela de los enfrentamientos. Y de la cocaína.

Además de Alonso, Henri encontró en Mongo a otro discípulo antagonista. Mongo piensa que había una conexión muy fuerte entre los dos. Henri reconoce que sentía una enorme atracción por Mongo: tenía una mirada intensa, la piel apiñonada y un cuerpo bonito. Mongo era consciente de esta fascinación de Henri por él. No tenía ningún prejuicio con el asunto homosexual; él sólo quería hacer una revista abierta. Henri quería lo mismo con el bar: los dos proyectos coincidieron y por eso trabajaron de una forma cómoda y muy divertida, aunque no exenta de pasiones y conflictos.

Pronto resultó evidente que el proyecto del bar ocupaba para Mongo un lugar tan importante como el de la revista. Se suponía que la publicación iba a ser trimestral, pero debido a los problemas de distribución e ingresos, comunes a las revistas independientes, las ediciones se fueron atrasando, y después de la aparición del número cuarto, en la primavera de 1987, ya no hubo más revistas. En cambio, las responsabilidades de Mongo en el bar iban creciendo: debía ir a los ensayos de los grupos de rock para programar sus presentaciones, pues muchos de ellos no tenían demo. Algunas veces, Mongo los contrataba simplemente porque le gustaba su nombre. Pero esto no era lo único: Mongo terminó involucrado en las escenografías para la Kitsch Company y se puso a diseñar los volantes de los eventos del miércoles y el jueves. Esos volantes tenían una combinación entre *collage* y caligrafía muy informal. Mongo pensaba que debían ser lo suficientemente atractivos para que la gente no los arrugara y los tirara a la basura. Usaba tinta negra sobre un papel barato, pero grueso.

Luego, tenía que poner mucha imaginación para inventar las actividades del siguiente jueves. Una noche memorable, fue el coctel que hicieron para el fotógrafo Pedro Meyer, que inauguraba una exposición en el Museo de Arte Moderno. Pidieron a Meyer diapositivas de la exposición, que iban proyectando sobre dos actrices. Vicente Rojo Cama, un joven compositor, hizo una música especial. Una noche hicieron un tugurio erótico, otra la dedicaron al rock judío, otra a las piernas; otro día fue el cumpleaños de Juan José Gurrola e hicieron una piñata llena de salchichas, que la gente se comió. Era grotesco. Otra más la dedicaron al box y al rock, pero el primer boxeador que consiguieron se echó para atrás cuando se enteró de que debía pelear en un lugar gay. Mongo tuvo que contactar a alguien más. Al fin y al cabo, el espectáculo era una pelea: los pugilistas se dieron con todo y le gente estaba muy exaltada. Había un grupo de rock, liderado por el Dr. Fanatic, que cambiaba de nombre en cada presentación. Una noche se llamaba Planeta Costa; otra, La Sociedad de las Sirvientas Puercas; la siguiente, Matrimonio Gay. Una noche, Mongo se fue al circo y llevó al bar una pareja de lanzadores de cuchillos que eran hermanos. Para sorpresa de todos, ella era la que lanzaba las dagas.

Al igual que Alonso y Henri, Mongo tenía muy mal carácter, y no eran raros los enfrentamientos. En una ocasión Henri se enojó porque el show comenzó antes de que él llegara. Ese día estaba de muy mal humor, regañó a Mongo y lo corrió del bar. Mongo, en vez de partir, se quedó bebiendo con su novia. Llegó uno de los meseros y le dijo que el señor Henri lo mandaba llamar. Mongo le dijo al mesero, literalmente, que le dijera a Henri que fuera a chingar a su madre. Entonces Mongo vio salir a Henri de la cocina como un energúmeno. Lo agarró del cuello y comenzó estrangularlo, hasta que los meseros los separaron.

Una de las características más notables de los jueves en El Nueve eran las peleas. Rogelio Villarreal dejó testimonio de las broncas en la crónica de *La Regla Rota*:

> Por cierto, es emocionante ver las superbroncas que arman los que se emborrachan muy rápido y se calientan por cualquier cosa, un aventón, un reclamo: ¡¿Por qué te torteas a mi chava, pendejo!? Y ¡mocos! En un segundo los cuates le entran al quite, quince o veinte cabrones dándose en la madre con toda la furia que les permite su embriaguez bajo las potentes bocinas que le ponen ritmo a cada puñetazo y entre los rudos intentos de los meseros por separarlos y arrojarlos por las escaleras de la calle.

Víctor Colmenero fue mesero, luego encargado de la cadena y finalmente gerente de El Nueve. Era un hombre guapo y fornido, que había trabajado en algún prostíbulo de la ciudad hasta que lo cerraron y encontró trabajo en el bar gay por medio de un amigo. Tenía veintiséis años de edad cuando comenzó. Al principio, Jaime Vite lo colocó como ayudante en la entrada: cateaba a las personas. Luego, fue adquiriendo más responsabilidades, entre ellas la de tratar de mantener el orden. Cuando estaba en la cadena, Víctor tenía instrucciones de dejar pasar un poco de todo: gente gay, travestis, actores y actrices, y ya después la gente del rock, incluidos los jóvenes escritores y otra fauna en busca de pelea. Según Víctor, el jueves era el peor día para él, que estaba en la puerta. Ese día, antes de ir a trabajar, le dolía el estómago: "A ver qué va a pasar", pensaba.

A veces, los problemas se suscitaban entre la gente que se quedaba afuera; otras, ocurría que el grupo de rock no gustaba y había que sacarlo del lugar con protección, como el día que tocó Maná, que a nadie le gustó, y se fueron en medio de tremendos abucheos. A veces había que sacar con violencia a la gente que se estaba drogando en el baño, o simplemente había que intervenir en las peleas dentro del bar.

Incluso hubo balazos. En una ocasión se iba a presentar el Hijo del Santo, un luchador enmascarado heredero de una de las mayores leyendas de la lucha libre en México. Henri ordenó que Víctor y otro mesero, que iba a estar en la entrada, también usaran máscaras. Temprano en la noche se presentaron unos tipos con cara de pocos amigos y Víctor y su compañero no los dejaron pasar porque uno de ellos estaba armado; se hicieron de palabras, se empujaron, pero los chicos se fueron. Más tarde el compañero le dijo a Víctor: "Mira, ahí vienen estos güeyes de regreso, vienen en ese carro, ¡aguas!" Sacaron una pistola. Víctor y su compañero cerraron la puerta de un aventón y se escondieron. Los chicos soltaron tres o cuatro balazos. Henri se asomó. Víctor no sabe cómo Henri oyó los balazos, porque arriba el bar estaba a reventar y la música a todo volumen. Víctor y su compañero se habían quitado las máscaras, Henri les ordenó que se las pusieran de nuevo y que abrieran la puerta: la fiesta continuó como si nada hubiera pasado.

En otra ocasión, el bar estaba a reventar. No era jueves, sino sábado: se iba a presentar Mario Lafontaine, otro de los chicos del grupo vanguardista, amigo de Illy y Ula, que tenía un divertido espectáculo de música y performance gay. No se podía caminar en el bar y en la calle la gente hacía cola para entrar; había tantos, que el tráfico también estaba parado. Ese día Víctor estaba en la caja (ya lo habían ascendido a gerente). Un mesero, Víctor Monroy, se acercó con Colmenero y le dijo que había un par de malandros que acababan de sacar a una chica del baño a la fuerza. Eran Franco, el amante griego de Manolo, y Raico, un amigo de origen yugoslavo. Se querían meter cocaína urgentemente e irrumpieron en el baño. Víctor fue a ver qué pasaba y se encontró con los meseros dando golpes a Raico y Franco mientras los sacaban a la calle. Raico y Franco se fueron del bar y el asunto se calmó por unos minutos, pero Raico regresó con una pistola. Se paró frente al bar y disparó tres balazos. Una bala rozó la pierna de un garrotero que iba bajando las escaleras. Otra impactó a un hombre que quedó con las piernas en la banqueta y medio cuerpo sobre los escalones. Tenía un balazo en la espalda. Ese hombre era el director de cine, guionista, productor y director de teatro español Ventura Pons.

Henri, en cambio, no sabe quién disparó. ¿Franco? ¿Raico? Franco se llamaba en realidad Lucas y era un griego que se había cambiado el nombre porque escapó a Italia para no hacer el servicio militar. Según Henri, en Italia comenzó a inyectarse heroína; había salido de allí para irse a vivir con un familiar en Canadá y de allí voló a Acapulco, donde conoció a Manolo a principios de los años ochenta, cuando ya había salido de la cárcel y estaba instalado en la nueva casa.

De acuerdo con Henri, Franco había llegado al bar con su amigo Raico. Sacaron a una chica que estaba orinando en el baño para poder entrar a drogarse. Henri se dio cuenta de lo que estaba pasando y mandó expulsar a Franco y a su amigo. El negocio es el negocio. Henri bajó las escaleras de El Nueve y desde allí habló por teléfono a Manolo para contarle lo que estaba pasando. Una vez más, tenía un mal presentimiento. Otra vez, Manolo le dijo que estaba alucinando. Henri le pidió que fuera al bar, porque pensaba que podía haber un problema muy fuerte. Como veía que Manolo no llegaba, le habló por segunda vez. Fue cuando vio llegar a Franco y a Raico. Alguien disparó tres veces.

Vio a un hombre desconocido tirado en el suelo; sólo después se enteró de que era un director catalán famoso que había ido a El Nueve enviado por una de las hermanas Pecanins, de origen catalán también, que tenían una galería de arte. Henri mandó llamar una ambulancia y se llevaron a Ventura Pons a la Cruz Roja. Caminó hasta la calle de Río Nilo para hablar con Manolo; lo hizo responsable de todo lo que acababa de pasar. Luego se fue a la Cruz Roja, donde decidió transferir a Ventura Pons al Hospital Español. El Nueve pagó todos los gastos. Ventura Pons no quiso levantar una demanda. Franco y Raico, por cierto, luego se convirtieron en porteros y cadeneros de otros bares.

Ventura Pons contó su versión en el libro de memorias *Els meus (i els altres)* (*Los míos y los otros*), que publicó en 2010. Cuenta que llegó a México con su amigo el médico Martí Franch. Las gemelas Pecanins, Ana María y Teresa, los recibieron de manera muy cálida, y ese mismo día al anochecer fueron a la cantina La Ópera y luego a la Plaza Garibaldi, a la que Ventura llama "Capilla Sixtina de los Mariachis". Más tarde, Anna

María recomendó ir a El Nueve, porque era de lo mejorcito de la ciudad en cuanto a bares gays.

Cuando llegamos a El Nueve me adelanto, tengo prisa para ir a orinar, notando los efectos de tanto tequila. Martí se queda atrás. Los guardias de la puerta me inspeccionan, pago el cover, espero el cambio y en aquel momento escucho un ruido contundente, a la vez que siento un golpe fuerte, seco, en la espalda.

—¿Me ha entrado una bala?

Estupefacto, me lanzo al piso, por si viene otra, viendo cómo los guardias de la puerta empiezan a correr detrás de un hombre bien vestido que huye con una pistola en la mano. Escucho que paran la música, un gran tumulto, siento que alguien se me acerca y me mira.

—¡Llamen al doctor Franch, estoy herido! ¡Debe estar por afuera, viajamos juntos!

Me quedo inmovilizado, con el cuerpo en el piso. Frente a mis ojos sólo veo pasar zapatos y tacones, gente que corre. Muevo los dedos de los pies, que me responden. Intuyo, por la quemazón que siento, que la bala está en la zona lumbar. Llega Martí.

—¿Qué te ha pasado? ¿Qué cojones te ha pasado?

Se agacha, me toca la espalda con la mano, la saca manchada de sangre. Su rostro, siempre apacible, le cambia de color: lo recordaré toda la vida.

—¡No puede ser!

Me pone un pañuelo para taponar la herida. Le doy un papelito que llevo en el bolsillo de la camisa con los teléfonos de las Pecanins y de los dos primos hermanos, médicos, de Guarner.

—Empieza a llamar, ¡necesitaremos ayuda!

Se va corriendo hacia el local a buscar un teléfono, en aquel entonces no había celulares, vuelven a poner la música, yo sigo tendido en el piso. Pasa un rato, siento uno de los guardias que me señala.

—No pasó nada. Sólo murió un turista español balaceado.

Ventura cuenta que pasó media hora en el piso hasta que llegaron la policía y la ambulancia. Lo metieron al vehículo, pero pasaron quince minutos más hasta que arrancó hacia el hospital: "Después supe por qué la policía bloqueaba mi salida. Era mucho más valioso muerto que vivo. Si me sacaban muerto podían recibir mayor mordida del local para testificar que había salido vivo en vez de muerto. Hacían tiempo, a ver si me moría".

Llegaron a la Cruz Roja, donde le hicieron una radiografía. El médico le dijo que había corrido con suerte: la bala se alojó a unos milímetros de la columna, pero no había tocado ningún órgano vital. Cuando Ventura preguntó si le sacarían la bala, el médico dijo: "Las balas que no matan, en México se quedan en el cuerpo". Finalmente llegaron las Pecanins, muy sobresaltadas, y también llegó Doctor, enviado por Henri. Decidieron llevarse a Ventura al Hospital Español.

> El dueño de El Nueve pagó todos los gastos de la operación y la hospitalización, nos invitó un par de veces a cenas excesivamente lujosas, contento de no estar en mi lugar y de que yo no presentara ninguna reclamación judicial, algo que le hubiera costado muchísimo dinero o el cierre del local. Yo estaba feliz y contento de seguir vivo, y la última cosa que me hubiera pasado por la cabeza era ir en contra de aquel hombre, aunque, en el continente americano y con un buen abogado, puedes sacar fortunas. Mi fortuna era la vida, volví a nacer.

Otra de las constantes broncas eran las que tenían Mongo y Rogelio. Según Rogelio, Mongo tenía broncas con su novia a cada rato y era desagradable oírlo discutir por teléfono todo el tiempo. Era evidente que Mongo estaba más preocupado por el bar. Generalmente llegaba de mal humor al trabajo. Leía las cosas que iban a publicar y no le gustaba nada. Villarreal se ganó un premio y Mongo le decía que el dinero era de los dos; empezó a acusarlo de robo y Rogelio terminó por correrlo de *La Regla Rota*. La pelea acabó con la revista

Mongo se dedicó de lleno a las escenografías y al rock; Rogelio, a levantar una nueva revista que llamó *La Pusmoderna*. Como necesitaba algo de dinero, Henri le ofreció programar las actividades de los martes, que de todos modos era un día flojo, y con las ganancias sufragar los gastos. Era un espejo de lo que ya sucedía los jueves. "Presenté muchos grupos de performance, películas en video que no se habían presentado en México, concursos de baile y de disfraces", escribió Rogelio en 1995 en unas memorias sobre su papel como editor. Un performance memorable fue el que hicieron Guillermo Fadanelli y Naief Yehya, los jóvenes escritores que habían creado la revista *Moho*. Fadanelli vivió en España y conoció a los personajes de la *movida* madrileña y sus publicaciones, como *Madrid me Mata* y *El Canto de la Tripulación*. Allá también publicó un libro llamado *Cuentos mexicanos*. De regreso a México, entró a estudiar a la Facultad de Ingeniería de la Universidad Nacional y vivió el movimiento estudiantil que se despertó en 1986 para resistir a una serie de reformas académicas y administrativas, que fueron interpretadas como un intento de privatizar la educación pública. Pero Fadanelli quedó desencantado, aburrido y desconcertado por la fragmentación del movimiento, por su incapacidad de llegar a acuerdos, así como por la confusión entre política y academia, y prefirió dar un paso hacia las artes. Junto con su compañero Naief Yehya hizo *Moho*. "Era una revista ácida y burlona: el descuido y la audacia de su diseño me desconcertaban gratamente, lo mismo que el irritante y excesivo sarcasmo de la mayoría de sus textos", escribió Rogelio. Tenía un horizonte similar a *La Regla Rota*.

Villarreal invitó a Naief y a Guillermo a presentar la revista en El Nueve. El performance del evento consistía en que

Guillermo, Naief y algunos compañeros suyos de la Facultad de Ingeniería hicieran una protesta de corte antiintelectual. Cerraron la calle de Londres con unos compañeros de la Facultad de Ingeniería vestidos de overol, con letreros que decían: "Menos revistas, más tortillas" o "No a la cultura decadente de las revistas intelectuales". Esa noche tocó Café Tacuba, que todavía no grababa su primer disco.

Después de esa presentación, a Naief se le hizo una verdadera adicción ir a El Nueve. Le parecía maravilloso que fuera un espacio de tolerancia, donde el asunto gay fuera tan natural. Cada quien estaba en su mundo, y no había nadie con una biblia de la homosexualidad tratando de convertirlo. Fadanelli piensa que los bares gay como El Nueve, entre otros, fueron los detonadores de la imaginación nocturna: los centros de reunión para una generación desencantada que, sin embargo, tenía una gran sed de aventura.

Capítulo trece

En el Metal, Henri debía cristalizar esta utopía sin biblias homosexuales o heterosexuales, esa idea de la vida de noche como actividad cultural —o la cultura como actividad nocturna— en la que había trabajado durante los años pasados. De hecho, el retraso provocado por la clausura y la lentitud propia de la obra, si bien inconvenientes, dieron más tiempo para ir afinando el programa de la discoteca.

Originalmente, el Papa compró un terreno en la calle de Varsovia como una solución a las alzas en la renta del local donde estaba El Nueve. Según Henri, los aumentos que proponía Rico Diener a veces eran tan exagerados que El Nueve terminó por pagar el alquiler más caro por metro cuadrado de la calle de Londres. Ese terreno estaba al fondo de un pasaje; por eso, cuando se puso a la venta la casa de enfrente, el Papa la compró para lograr un acceso directo desde la calle. Se hicieron de una superficie de mil metros cuadrados: entonces comenzó a hablarse de la posibilidad de construir algo más grande e importante.

Henri y Manolo asignaron el proyecto al arquitecto de origen belga Jacques Vermonden, que era socio de Alfonso Capetillo, uno de los mejores amigos de Henri y la persona con quien éste había hecho algunas remodelaciones en El Nueve —notoriamente, la que le dio un aspecto Memphis—. Henri y Manolo enviaron a Vermonden a una gira por Europa y Estados Unidos con el propósito de ver discotecas y tomar nota de las ideas más innovadoras, pues ellos querían tener en México lo mejor que había en el mundo. Vermonden recuerda que llevaba la recomendación de los dueños de El Nueve y lo dejaban entrar a los sitios más exclusivos sin hacer cola. De la gira quedó clara una cosa: además de las innovaciones tecnológicas y el minimalismo imperante, las discotecas más exitosas tenían varios ambientes.

Vermonden planeó un edificio que tendría distintos espacios: principalmente, un par de bares, un teatro y el cuerpo principal de la discoteca, que era un cilindro de cuatro pisos de altura. Incorporó al equipo a su colega el arquitecto italiano Sergio Chiappa, también avecindado en México, que diseñó unas escaleras helicoidales para esa gran nave inspiradas en el diseño de Bramante para los Museos Vaticanos. Las escaleras se entrelazaban sin tocarse y creaban un efecto tal que no era posible ver dónde acababa una y empezaba la otra. Tenían unos descansos que formaban grandes balcones desde donde se podía mirar a la gente bailar abajo. Eran al mismo tiempo puntos de encuentro y vías de circulación.

La discoteca comenzó a construirse a principios de 1985, pero Vermonden sólo pudo ver terminado un primer desplante del edificio, pues las autoridades la clausuraron por varios meses. Henri recurrió a su amiga la actriz Edith González para que le ayudara a gestionar un permiso de construcción. Edith era una actriz conocidísima, que trabajó en *El diabólico barbero de la Calle de la Horca* cuando comenzaba su carrera, y desde entonces había mantenido una relación cercana con Henri. También era muy amiga del jefe del Departamento del Distrito Federal, Ramón Aguirre, y consiguió que éste recibiera a Henri para exponerle los problemas que tenía. Una semana después Henri no sólo tenía la licencia de construcción sino también un permiso de funcionamiento para Metal.

Pero Vermonden ya no reanudó la obra. Por intervención de Manolo, recurrieron a Diego Matthai para continuarla. Él trajo al proyecto ideas propias y lo llevó hasta su conclusión. Aparecieron nuevas necesidades: se tuvo que hacer una oficina para el grupo, construir camerinos para recibir a los actores y a los músicos del teatro, comprar otro terreno, donde se colocó una plaza de desfogue adornada por una escultura diseñada por Matthai, una estaca de más o menos dos metros clavada en el piso. (La escultura, por cierto, se puede ver hoy en los terrenos de la Universidad Nacional.) Matthai piensa que la estaca estaba asociada a la virilidad, un concepto que rondaba la cabeza de los socios durante la planeación de Metal. Esa estaca sirvió luego de inspiración para el logotipo de la discoteca.

El edificio terminó con una entrada que, según Matthai, debía ser un poco repulsiva, un reto al público del bar. Pero del otro lado de la puerta se abría un espacio asombroso. La pista de baile rodeada por la escalera helicoidal era el sitio principal en la planta baja. El edificio contenía también un bar más pequeño donde cabían ochenta personas, que fue decorado en blanco. Había también un teatro, y una sala de conciertos diseñada por el escenógrafo Alejandro Luna que tenía cupo para unas trescientas personas. Se hizo un salón VIP donde cabían ciento cincuenta personas más. Matthai volcó en la decoración de ese salón lo mejor de su talento: era un lugar negro, iluminado por luces de neón rosa, que tenía mucho acero y estaba lleno de espejos.

El gran plan era que Andy Warhol inaugurara Metal. Henri y Manolo lo conocieron por medio de Víctor Juárez, editor de una revista y fundador de los premios OMNI de moda, de los cuales Henri era jurado. En alguna ocasión Manolo y Henri se encontraron a Juárez en Nueva York, y en ese viaje, éste les presentó a Christopher Makos, famoso fotógrafo de la revista *Interview* y miembro del selecto círculo de The Factory. Manolo y Henri se hicieron amigos de Makos: él estuvo en la casa de

Acapulco y en la fiesta de 40 años de Manolo, y los introdujo al circuito de Warhol. Cuenta Henri que la primera vez que lo vieron, Warhol se portó frío y distante, como era con la mayoría de la gente, y no cambió mucho las otras veces que se reunieron con él. Casi siempre lo veían en compañía de Makos, pues no se atrevían a presentarse en The Factory solos. Con todo, iban con Warhol al Studio 54 y él los invitó a una fiesta de cumpleaños que se celebró en el Morgans Hotel de la calle de Madison, donde cenaron pollo de Kentucky Fried Chicken. A veces, la helada figura de Warhol se calentaba un poco porque le gustaba intercambiar algunas palabras en francés con Henri. En una ocasión, Warhol pidió a Henri que acompañara a Jean-Michel Basquiat a la inauguración de una joyería, cosa que Henri consideró un gran halago, un signo de que estaban ocupando un lugar más cercano al sol de ese sistema planetario.

Warhol y su círculo veían a Henri y a Manolo como los ricos petroleros mexicanos, aunque ellos no tuvieran que ver nada con la industria y México estuviera en medio de una de sus mayores crisis económicas, desatada en 1982. El asunto es que Henri y Manolo gastaban pequeñas fortunas en Nueva York y eran tratados como jeques. Por aquella época Warhol comenzaba sus colaboraciones con Basquiat, el pintor de origen haitiano que había alcanzado notoriedad como artista del grafiti en el metro de Nueva York. Hacían cuadros juntos: Warhol contribuía pintando sus imágenes de productos comerciales y logotipos de grandes empresas mientras Basquiat añadía sus trazos primitivos. Otros artistas del grafiti, como Keith Haring y Kenny Scharf, pertenecían a la misma escena. También estaban por allí Julian Schnabel, con sus pinturas neoexpresionistas, y los pintores de la transvanguardia italiana. Todos ellos tenían una característica común: la agresiva promoción de su biografía y su carrera en una época de auge económico en Estados Unidos. Warhol estaba completamente entregado a hacer dinero.

Henri Donnadieu recién llegado a México.

Giuliano Guirini posa para la revista *Claudia* dentro del restaurante Le Neuf.

Manolo Fernández fue modelo para la misma sesión fotográfica.

María Félix y Xóchitl en El Nueve, durante sus primeros días.

Úrsula Andress al centro, y en el sentido de las manecillas del reloj, Manuel Ávila Camacho, Óscar Calatayud, personaje no identificado, Manolo Fernández y personaje no identificado en la disco bar El Nueve de Acapulco.

Jacqueline Petit (izquierda) y Manolo Fernández (derecha) con un cantante no identificado en la casa de ella en Acapulco.

Jacqueline Petit dentro de su privilegiada celda en la cárcel municipal de Acapulco.

Henri Donnadieu pasea en su Mercedes Benz en Numea, Nueva Caledonia.

Notas sobre la misteriosa desaparición de Henri Donnadieu de Nueva Caledonia.

Aspecto de la subasta de bienes que pertenecían a Henri Donnadieu en Nueva Caledonia.

Sasha Montenegro recibe un Nueve de Oro.

El genial director Julio Castillo y Henri Donnadieu, en su faceta de productor teatral.

Henri Donnadieu con el dramaturgo Emilio Carballido.

Diego Matthai frente al efímero mural que hizo en El Nueve.

Jaime Vite como Evita recauda fondos en la Plaza del Ángel para los damnificados del temblor de 1985.

Invitación diseñada por Alberto Labarta para el noveno aniversario de El Nueve, en 1986, año del Mundial.

La famosa barra del restaurante El Olivo.

Exterior de El Olivo en la calle de Praga.

Henri Donnadieu y la Kitsch Company.

Manolo y Miguel Ángel de la Cueva, integrante de la Kitsch Company.

Fiesta de presentación de *La Regla Rota*.

Oliverio Hinojosa, Willy de Winter y Olivier Debroise en una fiesta de *La Regla Rota*.

Ulalume Zavala canta con Illy Bleeding, de Size.

Rogelio Villarreal (padre) abraza a Narda en la presentación de *La Regla Rota*.

Invitaciones diseñadas por Mongo para las tocadas de La Maldita y Jaime López en El Nueve.

Invitación a la tocada de Café Tacuba.

Jaime Vite como Marilyn Monroe en el homenaje a Andy Warhol.

Personaje *new romantic* en la bodega de El Nueve.

Mariana "So lonely" y Rogelio Villarreal, también en la bodega de El Nueve.

Mongo toma los guantes durante una noche dedicada al box.

Siro Basila y Colombina Rocha, asiduos a los eventos que Mongo organizaba todos los jueves.

Desfile de modas, uno de los cientos de performances que hubo en El Nueve.

Alonso Guardado, pareja de Henri Donnadieu, en El Olivo.

Bar VIP del Metal.

La escalera helicoidal del Metal.

La fachada donde estaba El Nueve, hoy ocupado por el bar Ghost, clausurado.

Incluso, había firmado un contrato en una agencia de modelos y posaba para sesiones fotográficas de moda y revistas con otras celebridades.

Una de las pocas ocasiones en que Henri estuvo solo con Warhol fue el día que se presentó en The Factory para comprar una serie de serigrafías que adornarían las paredes de Metal. Henri y Manolo querían que Warhol viniera a México para la inauguración de la discoteca, y Makos les dijo que la mejor manera de seducirlo era comprarle algunas piezas. En esa ocasión, Henri estuvo en el sótano de The Factory, donde Warhol guardaba la obra. Warhol quería venderle una guillotina, o una de sus famosas flores, pero Henri vio las serigrafías de unos zapatos bañados de diamantina, una serie llamada *Shoes*. Se enamoró de ella y convenció a Warhol de vendérsela. Henri compró cinco cuadros por quince mil dólares cada uno. Cuando se cerró el trato, Warhol estaba contento como un niño: Henri le había dicho que *Shoes* estaría en la mejor discoteca de América Latina. Ese día, una limusina estaba esperando fuera de The Factory; los ayudantes metieron los cuadros dentro del auto y Henri se fue directo al aeropuerto.

Durante esta etapa neoyorquina Henri conoció a un tal Malcolm (Henri no se acuerda bien de su nombre), canadiense, ex director artístico en The Pyramid Club, una pequeña discoteca del East Village que acogía a los artistas locales y que vio nacer el movimiento *drag* de Nueva York, además de recibir a Madonna y a Deborah Harry, entre otras celebridades nacientes. Más que Makos o Warhol, Malcolm derramó una luz inspiradora sobre Henri: le enseñó por primera vez el estilo Memphis en la decoración y el teatro gay de Charles Ludlam, y lo animó a armar la Kitsch Company. Era un asiduo coleccionista de muebles vintage de los años cincuenta y hacía las decoraciones de algunas fiestas neoyorquinas exclusivas, en las que Henri vio nuevos matices de la vida nocturna como expresión artística.

Henri nunca supo si Warhol tenía verdaderamente la intención de venir a México a inaugurar la discoteca, porque murió repentinamente en un hospital de Nueva York, luego de internarse para una sencilla operación de la vesícula en febrero de 1987. Henri recibió la noticia con sorpresa cuando le hablaron de la televisión porque querían hacerle una entrevista sobre esta repentina muerte. Ya se sabía que era de los pocos en México que conocían a Warhol personalmente.

Una semana después de la muerte de Warhol, Adolfo Patiño, el líder de Peyote y la Compañía, y su pareja, Carla Rippey, hicieron un homenaje al artista en El Nueve. Durante los años ochenta, Adolfo ensamblaba objetos artísticos con elementos del arte popular mexicano: combinaba el *ready-made* de Marcel Duchamp con una iconografía de los barrios de la ciudad, además de cultivar una personalidad de dandi, aunque él fuera el hijo de un policía de crucero. Cuando murió Warhol, la crítica de arte Raquel Tibol dijo que Patiño era lo que más se le parecía en México, y él se apresuró a colocarse bajo esa luz pop.

El homenaje a Warhol consistió en la construcción de un altar de muertos que contenía tres imágenes principales: una de Andy Warhol fotografiado por Gerard Malanga, el retrato de Marilyn Monroe de Warhol al que pintaron unos bigotes, una barbita y las letras L. H. O. O. Q, como en el *ready-made* que Duchamp hizo con una postal de la Mona Lisa, y una reproducción de la Gioconda. Existe un video de esa noche. Carla Rippey aparece colocando flores alrededor de las imágenes que están montadas sobre el escenario. Adolfo Patiño, vestido con una camisa negra, echa flores al piso. Este video tiene una edición profesional y juega con cortes y repeticiones para sincronizar la imagen con la música de The Velvet Underground. Al pie de los altares hay repisas iluminadas: en una, Adolfo coloca sopas Campbell's; en otra, botellas de Coca-Cola, y en otra, de tequila José Cuervo. La cámara se mueve a la cocina del bar, donde están los invitados especiales, a quienes se les pide una declaración. La mayoría de las opiniones sobre el evento son completamente superficiales y sin querer imitan esa estrategia warholiana de decir cualquier cosa a la prensa. Henri comenta que lo banal se levanta hasta la obra de arte gracias a Warhol. Mario de la Cueva, travestido como Liza Minelli dice que le encanta ser parte de este homenaje y dejar manifiesto que Warhol es todo un personaje de su época. Jaime Vite, con dos collares de cuentas negras y blancas sobre una camisa azul de lentejuelas, brinda porque Warhol va a continuar por años y años, pues es el padre del pop, y él (Vite) es su hijo. Resultan mucho más inventivos Manolo Fernández y el chef Roberto Santibáñez que sueltan un rosario de mentiras autocomplacientes y dicen que Andy Warhol adoraba a México por su luz, su magia y su surrealismo, que los *Shoes* habían sido hechos especialmente para ellos y que Warhol de alguna manera estaba viendo el homenaje que se le estaba haciendo en México.

El tono del video cambia después de las entrevistas para mostrar a tres chicos con sacos de hombreras y colas de caballo bailando "I am perfect" frente a la pieza más negra de los *Shoes*. La pelirroja Carla Rippey se desplaza animosamente en la pista de baile; Aerosmith retumba en el salón. "Yo creo que Andy tenía miedo de la muerte", dice Henri en la cocina del bar. En el video todo el mundo se la pasa sensacional.

Aunque el edificio de Metal quedó listo en el primer semestre de 1989, la inauguración oficial fue en septiembre. Durante esos meses iniciales se hicieron numerosas pruebas de luces y sonido, además de las instalaciones sanitarias, el desagüe y otros servicios del complejo edificio. Sólo se abrió la puerta de la discoteca una vez para la presentación de *Trampas de luz*, el segundo disco como solista de Sasha, ex integrante del grupo Timbiriche.

Al mismo tiempo que se contrataba y entrenaba al personal (alrededor de unas cien personas) y se mandaban hacer sus uniformes, un nuevo equipo de relaciones públicas encargaba las invitaciones y barajaba los nombres de los invitados a la inauguración. Habría una cena de trescientas personas en la planta baja, en la plaza de desfogue, donde estaba la estaca, a la que habían llamado la Plaza Matthai. Más tarde, Metal abriría las puertas a cerca de cuatro mil invitados que, asombrados, recorrerían el foro, la pista con su escalera como hélice, verían el bar con las pantallas de video, los *Shoes* colocados en el descanso de una escalera y escucharían tocar al grupo del momento, Maldita Vecindad. Aquella debía ser la gran noche de la normalización de la homosexualidad en la ciudad de México, el triunfo de la imaginación nocturna, la coronación de la fiesta como cultura.

Pero el 12 de septiembre de 1989 Henri era el menos contento de los anfitriones. Debido a las tensiones asociadas a la gran cantidad de trabajo, peleó con Alonso unos días antes y éste se fue de la casa. Además, veía que su amistad con Manolo estaba deteriorada más allá de una posible reconciliación. Era una tensión que se sentía desde hacía tiempo, normal en todas las sociedades, pero que habían dejado crecer sin remedio. Manolo siempre se había burlado de las actividades de Henri como empresario teatral, y le parecía que tiraba el dinero, pero en la burla dejaba ver una dosis de celos. Siempre fue poco amable con los amigos cercanos de Henri, gente talentosa pero sin cuna; él, en cambio, trataba de mantenerse en las alturas del *jet-set*. Y, ¿por qué Franco y Raico habrían querido matarlo si no es porque Manolo les había metido cosas en la cabeza? Como a Warhol le gustaba hablar francés con Henri, su entrada al círculo de The Factory era más directa que la de Manolo, cosa que lo incomodaba, y así el recelo se fue acumulando, como se apilan en el juego de niños los bloques de madera antes de caerse.

Un asunto hacía las cosas más complicadas: es probable que Manolo resintiera fuertemente haber descubierto que contrajo el VIH y saber que Henri no lo tenía. Henri se dio cuenta de que algo andaba mal en uno de los viajes a Nueva York, cuando decidieron hacerse exámenes juntos. Al recoger los resultados, Henri abrió el sobre con los suyos frente al Hotel Plaza, donde se hospedaban: estaba limpio. Manolo, en cambio, prefirió verlos en otro momento. Semanas más tarde, de regreso en México, Manolo pidió a Henri que lo acompañara de nuevo a sacarse sangre a unos laboratorios de la colonia Roma. De manera muy extraña, Manolo dijo a las enfermeras que se llamaba Henri Donnadieu y todo el papeleo se hizo bajo esa falsa identidad. Más tarde, en junio de 1989, Manolo hizo una fiesta de cumpleaños en Acapulco. Ese día Henri vio que había desarrollado candidiasis oral, pues tenía la lengua completamente blanca, cubierta por un hongo. (Esa misma noche Manolo se cayó subiendo las escaleras de camino a su bungaló; fue necesario llevarlo con el médico a que le enyesara el pie, pues se había fracturado un hueso.) El día de la inauguración de Metal, tres meses más tarde, Manolo se apareció todavía con muletas, y como había bajado de peso, se veía realmente enfermo. Cuentan que cuando llegó a la discoteca, dijo: "Ya cumplí uno de mis sueños: abrir el Metal. Falta cumplir el otro: deshacerme del francés".

Una de las cosas que más enervaban a Henri era la presencia en esa sociedad de Regino Fernández, el hermano de Manolo, que llevaba los asuntos administrativos del bar, el restaurante y la construcción de Metal. Aunque todos reconocían que Henri era el genio creativo, en muchos otros aspectos la sociedad se veía como una lucha de tres contra uno: el Papa, Regino y Manolo contra Henri.

Regino era cinco años menor que Manolo. Se recibió como contador público en el Tecnológico de Monterrey en 1972 y luego hizo una maestría en economía en Boulder, Colorado. A principios de los años ochenta trabajaba como tesorero en Celulosa y Derivados, una empresa regiomontana dedicada a la producción de fibras sintéticas que era parte del poderoso Grupo Alfa. Regino también había invertido un capital en restaurantes: era de los socios fundadores de El Granero, un comedor muy tradicional en Monterrey, y abrió La Palapa, que estaba en la carretera hacia la presa de La Boca, a cuarenta y cinco minutos de la ciudad. Debido a un problema laboral en Celulosa y Derivados, Regino decidió establecerse en la ciudad de México en 1982 y entrar a trabajar en los negocios de su hermano, que si bien le habían causado enormes dolores de cabeza también parecían prometedores. Ya estaba en el horizonte la construcción del Metal y Manolo le había dicho que lo necesitaba para poner orden en las cuentas. Desde que llegó a tomar la administración, restringió los gastos y reasignó las ganancias de los socios, quitándole a Henri un pedazo de su parte. Las tensiones con Henri y su personal eran constantes; Regino no entendía por qué insistía en llenar El Nueve los miércoles a tal grado que era imposible caminar: lo único que lograba era que la gente consumiera menos alcohol, pues nadie se podía acercar a la barra. Henri, en cambio, deseaba que la mayor cantidad de personas vieran el espectáculo de la Kitsch Company.

Regino se había quedado impresionado por las gestiones de Henri y Edith González ante el regente de la ciudad para obtener la licencia del Metal, un permiso complejo por tener el bar, la discoteca, el teatro y la música en vivo. Cuando fue a recoger la licencia a la oficina del delegado, se encontró con que Enrique Jackson también estaba asombrado por la amplitud del permiso. Regino le pidió que hablara con su jefe, el regente mismo, para corroborar. Después de que Jackson colgó el teléfono, le dijo que estaba pasmado por la manera en que Ramón Aguirre le había ordenado proporcionarles todas las facilidades. Jackson firmó la licencia, pero también recomendó a Regino que cuidara dos cosas en lo sucesivo: hacer un estacionamiento y no aparecer abiertamente gay; una cosa era tener un pequeño sitio en la calle de Londres, otra era abrir una discoteca donde cabían cómodamente dos mil personas a unas cuadras de allí.

Para paliar el problema del estacionamiento, el Papa compró una casa a la vuelta, donde construyó un edificio con ciento setenta cajones. Pero la vocación gay del Metal iba a ser un problema de imagen más difícil de resolver. Regino estaba muy preocupado, por eso, cuando el día de la inauguración se encontró con Vite vestido de mujer, tuvo un impulso asesino contra Henri.

De la noche de inauguración Henri sólo recuerda los signos ominosos: la enfermedad de Manolo, la sombra de Regino, la ausencia de Alonso. En vez de Andy Warhol, se supone que el padrino iba a ser, estratégicamente, Ignacio Vázquez Torres, el nuevo titular de la delegación Cuauhtémoc, que en 1988 sustituyó a Enrique Jackson, pero éste nunca se presentó. Por lo demás, Henri vivió esa noche como algo ajeno, como una película que pasaba frente a él. Luego, el 15 de septiembre hubo una fiesta para celebrar el día de la Independencia de México. Henri pidió a Adolfo Patiño que pusiera una bandera nacional, como la bandera de la lotería. Hubo mariachis y esa misma noche también celebraron el cumpleaños de un amigo muy cercano, el peinador Juan Álvarez, pero de nuevo Henri se sintió alienado, ya no creía en el proyecto.

Cerca de las nueve de la noche del 17 de septiembre se presentaron las autoridades en la discoteca para clausurarla por violación al horario y porque no tenían visible la lista de precios. La encontraron casi sin gente, uno de los que andaba por allí era el fotógrafo Christian Besson, que tomaba placas de los interiores del Metal para una revista. Después de recoger el equipo, Besson salió de la discoteca y entonces las autoridades pusieron los sellos. Según Regino, la orden vino del delegado Vázquez Torres. Hay testigos que aseguran haberlo visto en un prostíbulo cercano, El Cíngaro, cuando mandó clausurar Metal para acabar con los putos de ahí. Según Regino, les pidió medio millón de dólares. Las arcas de los socios estaban casi vacías por la enormidad de los gastos en los que habían incurrido: casi siete millones de dólares. Al día siguiente Regino fue a la oficina de Manuel Aguilera, el secretario de Gobierno del Distrito Federal, para denunciar el intento de extorsión, pero el asunto resultó peor. Algunos columnistas a sueldo del gobierno escribieron que en el Metal se traficaban drogas y que sus dueños eran prestanombres de Joaquín Hernández Galicia, La Quina, el líder petrolero de Tamaulipas que Carlos Salinas de Gortari, el nuevo presidente, cuyo ascenso sucedió en medio de fuertes sospechas de fraude electoral, había mandado apresar para dar un golpe espectacular contra la corrupción, un gesto que mostraba quién tenía el poder. Pronto, los abogados advirtieron que había una orden de aprehensión en contra de Regino, que tomó un avión inmediatamente y se fue a refugiar unos meses, como su hermano, a Isla del Padre.

Henri y los demás se atrincheraron en El Nueve, seguros de que iban a recibir otro golpe.

Capítulo catorce

Henri y Alonso fueron al cine Latino a ver una película de Mario Bellocchio con Marcello Mastroianni la noche del 6 de diciembre de 1989. Saliendo, Alonso se encaminó hacia El Nueve, donde trabajaba como cajero, y Henri a El Olivo. Allá se encontró con Manolo, que cenaba con Franco; Henri les dijo que esa noche no había que ir a El Nueve, pues tenía un mal presentimiento, como en otras ocasiones. Pasadas las doce de la noche, Manolo se dirigió a El Nueve, pero en la esquina de Florencia y Londres, a media cuadra del bar, se topó con un actor amigo suyo que le dijo que no avanzara más porque había habido una redada y la policía había acordonado buena parte de la Zona Rosa: sacaba a todos los comensales y los metía en los camiones que esperaban a la entrada. Manolo regresó a El Olivo y Henri le reprochó el desastre que habían provocado las pendejadas del hermano, sus peleas con las autoridades y su manera tan visceral de manejar el problema. Manolo estaba asustado porque aparentemente se trataba de algo muy grave.

Esa noche Manolo se fue a dormir a casa del Papa y Henri a la de Juan Álvarez, que tenía un departamento en la colonia Condesa. Prendieron la televisión y vieron la noticia de la redada por la cadena de noticias Eco, de Televisa. (En el archivo de Televisa dijeron que la nota "Detenidos en Bar El Nueve" no aparecía, estaba confiscada.) Detuvieron a cerca de ochenta personas; liberaron a todos, excepto a Jaime Vite, Víctor Colmenero, Alonso Guardado y los DJ Pepe Silva y Miguel Lome. Una nota del periódico *Excélsior* contaba que también las autoridades encontraron "cuatro mujeres menores de edad en completo estado de ebriedad y que una de ellas tuvo que ser trasladada a un hospital de urgencias, debido a la fuerte intoxicación que presentó". La nota aclaraba que la redada había sido ordenada por el delegado de la Procuraduría de Justicia de Cuauhtémoc, Pablo Chapa Bezanilla (que pocos años después protagonizaría uno de los episodios más ridículos de la policía mexicana al contratar a una vidente para localizar los restos de Manuel Muñoz Rocha, a quien supuestamente mandó matar Raúl Salinas de Gortari, hermano del presidente. Se descubrió que la osamenta había sido enterrada por la propia vidente.) Chapa Bezanilla informó de la intervención y clausura de El Nueve, "al cual suelen ir drogadictos y homosexuales". El funcionario dejó ver que continuarían su labor de "profilaxis social" con incursiones a otros negocios similares.

Henri y Manolo hablaron por teléfono y se quedaron de ver a las once de la mañana del día siguiente en el Hotel Bristol, un discreto establecimiento en la Plaza Necaxa, a unos pasos de Reforma. Allí decidieron salir huyendo a una casa que el Papa tenía en Cuernavaca. Manolo iba al volante y los acompañaba Juan Álvarez. Henri recuerda que hizo parar el coche decenas de veces pues tenía que orinar: eran los nervios. Poco antes de dormir, el baldaquín de su cama se vino abajo, como por arte de magia. Un asunto que lo atormentaba era cómo avisar a la familia que Alonso estaba detenido. Se decidió por hablar con Loli, una de las hermanas, quien avisó al hermano mayor. Freddy Guardado tomó un vuelo desde Mazatlán y llegó la tarde del 11 de diciembre a la ciudad de México para ver qué podía arreglar.

Alonso había llegado del cine y, como todas las noches, se había puesto detrás de la caja. Parecía una jornada normal hasta que los hombres armados entraron a saco en el bar. Pensó que se trataba de un asalto. En medio de los gritos, supo que era la policía. La música paró. Las autoridades apartaron a los trabajadores del bar del resto de la gente. A ellos, Víctor, Jaime, Pepe Silva, Miguel Lome y Alonso, los montaron en un camión y los llevaron a unos separos que estaban en la colonia Guerrero, a un costado del centro de la ciudad. Era una galería sin ventanas. A unos los tuvieron contra la pared, a otros sentados, parados o en cuclillas. Los hacían asumir posiciones incómodas y los atacaban psicológicamente; les decían: "Pinche jotito, eres una mierda, aquí la mierda no vale nada".

A Jaime Vite lo trataron muy mal. Esa noche del miércoles Jaime se había vestido como Klaus Nomi, un contratenor que cantaba fusión de ópera y rock, con la cara maquillada de blanco, los labios pintados de rojo y vestido con un esmoquin como de caricatura: moño negro del tamaño de una cara sobre un peto blanco. Golpearon a Jaime, por puto, por loca. Lo acusaron de narcosatánico, por el tamaño de sus uñas. Le preguntaron si no se daba cuenta de que era un macho y no una mujer; le dieron una patada, le escupieron.

En medio de la confusión y el miedo por el arresto, un comandante les dijo que iban a ir a la Procuraduría del Distrito Federal donde tendrían una rueda de prensa; al que dijera que había sido golpeado luego se lo iba a llevar la chingada. En la Procuraduría del Distrito Federal presentaron a Alonso, Colmenero, Vite y los DJ frente a la prensa y las cámaras de televisión. Allí, las autoridades acusaron a Colmenero de posesión de drogas. Más tarde, los llevaron a unos nuevos separos, esta vez en la calle de López, en el centro de la ciudad, donde los mantuvieron incomunicados otra vez. Los metieron a unas pequeñas celdas que tenían siempre la luz prendida. En las mañanas los desnudaban y los bañaban con baldes de agua fría. Pero nadie los visitaba, no tenían noticias del mundo y no sabían lo que estaba pasando con su caso.

De alguna manera Víctor Colmenero presentía lo que se iba a venir. Después del cierre del Metal, intuía que El Nueve también corría peligro: era un lugar de peleas y los tumultos callejeros que se formaban cuando el lugar estaba lleno y la gente no podía entrar llamaban mucho la atención. Entre los empleados corría el rumor de que Regino ya había dado dinero a las autoridades, pagando por protección, y que no debían preocuparse, podían seguir trabajando con normalidad, pero Colmenero no podía estar tranquilo. Pidió vacaciones, en realidad trataba de estar lejos del bar. Se fue a Acapulco una semana y regresó un día antes o el mismo día de la redada, no se acuerda. Cuando llegó la policía, Víctor estaba en la puerta, lo pusieron contra la pared y lo cachearon. Entonces alguien lo tomó de la camisa, lo sacó del bar y lo aventó a un comercio vecino, una dulcería que estaba en un sótano. Víctor se recargó en la reja de la dulcería, alguien se acercó con un instrumento raro y le dio toques en las piernas. Se dobló y cayó al suelo. Otro policía sacó un paquete de mariguana y se lo enseñó al comandante, acusando a Víctor de llevarla. Víctor negó que la mariguana fuera suya, pero un policía lo puso boca abajo, sobre la banqueta de la calle, a la entrada del bar, mientras los policías completaban la redada.

Los llevaron a los separos de la colonia Guerrero y luego los mandaron a la delegación Cuauhtémoc. Esa noche Víctor pudo ver por primera vez a su familia, a su esposa y a su madre, que le llevaron algo de comer y ropa limpia. Pasó la noche en una celda con el DJ Pepe Silva, y al día siguiente los condujeron a la Procuraduría del Distrito Federal, en la calle de López, en el centro de la ciudad. Allí, lo presentaron ante el ministerio público, quien le enseñó una declaración que obviamente Víctor no había hecho. Víctor debía firmarla. Al principio se negó, pero el ministerio público se paró y le dio una cachetada. Otro de los agentes lo agarró por atrás y le dijo que mejor firmara porque si no se lo iba a llevar la verga. Víctor firmó una declaración en la que se acusaba a sí mismo de posesión y venta de mariguana.

Henri y Juan Álvarez viajaron de Cuernavaca a la ciudad de México la tarde del 11 de diciembre para recibir al hermano de Alonso, que llegaba de Mazatlán. En la carretera, Henri sólo tenía ojos para las patrullas, seguro de que estaban buscándolo. Llegaron a la casa de Jorge Guerrero, el chef, compañero de Santibáñez en El Olivo, donde había quedado de encontrarse con Fredy. De allí, Henri y Fredy se fueron a la calle de López, para informarse del estado de los casos de Alonso y los demás. Allí se enteraron de que Alonso saldría libre: no había cargos en su contra. Esperaron su salida y regresaron junto con Jaime Vite a la casa de Guerrero, a las nueve o a las diez de la noche. Esa misma noche también se llevaron a la calle a Pepe Silva y Miguel Lome. Víctor Colmenero fue el único que se quedó adentro.

Ese día, Juan Canedo, un chico asiduo a El Nueve que tenía una fábrica de ropa, mandó una caja de zapatos llena de dinero y envuelta en un moño. El dinero debía servir para ayudar a Henri con sus problemas legales. Todos cenaron animadamente camarones y otras delicias que preparó Guerrero. En un punto, a Henri se le ocurrió salir a dar gracias a la Virgen de Guadalupe, cuyo día se celebra justo la víspera del 12 de diciembre con una peregrinación de cientos de miles de personas a su basílica, en el norte de la ciudad. Juan, Jaime, Alonso y Henri tomaron un taxi. Ninguno de ellos había estado en una procesión como ésa y no sabían muy bien lo que se iban a encontrar. Cuando llegaron y vieron el tumulto se asustaron. Alonso comenzó a alucinar que había policías judiciales infiltrados, entre la gente, que lo iban a capturar. Henri nunca había visto tanta gente en su vida. Algunos comenzaron a gritarle: "Pelón,

pelón Salinas", por su parecido con el nuevo presidente de México. Los gritos de la gente lo señalaban, lo hacían conspicuo y lo llenaron de terror. De regreso en la casa de Jorge Guerrero, encendieron la televisión para ver los festejos guadalupanos. Henri estaba contento, pero seguía nervioso a causa de los petardos y los cohetes que sonaban por toda la ciudad a cada rato.

Víctor Colmenero pasó dos días en la procuraduría después de firmar su falsa declaración y luego fue conducido al reclusorio, solo. Allí hizo una nueva declaración y pudo negar lo que había firmado, decir que le habían pegado y obligado a suscribir un falso documento. Una de las primeras visitas que recibió fue la de los abogados que envió Regino Fernández, pero Colmenero no los aceptó porque no confiaba en el administrador. No es que lo tratara mucho, pero no le gustaba la mala vibra que siempre tiraba a los trabajadores de El Nueve. Al día siguiente, Henri fue a visitarlo. También le ofreció ayuda con los abogados pero Colmenero ya había tomado una decisión: lo representaría un tío de su esposa.

Vino el juicio y después de ocho meses de haber entrado al reclusorio el juez lo sentenció a diez años de cárcel. Colmenero cambió de abogado para que tramitara la apelación. A éste lo contrató la madre de Víctor. El abogado presentó a Colmenero como un adicto, cuya posesión de mariguana era para consumo personal y no para distribución y venta. En la segunda instancia, el juez redujo la condena a dos años de libertad condicional. Colmenero salió de la cárcel poco más de un año después de haber ingresado. Durante ese periodo hubo grandes tensiones familiares, sobre todo entre su esposa y su madre. Se pelearon por asuntos de dinero y por el tema de los abogados. Hacia el final de su estancia en el reclusorio, Colmenero dejó de ver a su mujer.

Dos días después de haber abandonado la cárcel, recibió una llamada de Jaime Vite, pero Colmenero no quería saber nada de sus antiguos jefes; sentía que lo habían abandonado. Víctor trató de rehacer su vida y comenzó a trabajar como mesero hasta llegar a gerente de otro lugar. Conoció a una chica que también estaba en el mundo de los bares, se hicieron novios y comenzaron a vivir juntos. Resultó que esta chica tenía una mejor amiga, Gaby, que trabajaba con Henri en El Candelero, otro bar en la Zona Rosa. Un día, Gaby le dijo que Henri quería verlo. Colmenero y Gaby fueron a comer a casa de Henri, que estaba viviendo en Mixcoac. Henri se disculpó por lo de la cárcel y le preguntó si había recibido el dinero que le mandó; Henri había vendido un auto de Alonso, un Ford Mustang, y mandó el dinero a la esposa de Colmenero. Resulta que Colmenero nunca recibió el dinero: su esposa se lo quedó.

Henri dejó encargada con Jorge Guerrero la caja de zapatos llena de dinero que le había enviado su amigo y se fue de viaje con Alonso y con Juan Álvarez, para tratar de olvidar el mal trago. Tomaron el Jetta casi nuevo, que la compañía le había asignado a Henri, y se fueron a Puerto Escondido, a Puerto Ángel y a Zipolite, en la costa de Oaxaca. Cuando regresaron, Henri se encontró con que Jorge Guerrero había despilfarrado la plata. Se la gastó como si fuera una gracia, como si Henri no necesitara el dinero. Aquella fue la primera de las desgracias que en 1990 comenzaron a hacer cola para manifestarse.

Henri ya no quiso hacer el intento de abrir otra vez El Nueve; no le apetecía seguir asociado a Regino, además de que estaba muy cansado. Regino regresó a la ciudad de México a principios de 1990 y se hizo cargo de El Olivo; corrió al último chef, Luis Albó, y puso a su hermana al frente del restaurante. Con la discoteca y el bar cerrados y sus genios creativos desaparecidos, el restaurante decayó irremediablemente.

El 1º de mayo de ese año murió Joseph Donnadieu en Francia. Fue una noticia terrible, pero Henri no podía ir a los funerales porque seguía siendo un prófugo de la justicia de su país. Doctor tomó el avión en su lugar. Allí, Doctor se enteró de que los vecinos querían imponer un recurso de desahucio contra la madre y la hermana de Henri, a quienes consideraban locas, inadaptadas e incapaces de sostenerse por sí mismas. Doctor tuvo que traerlas a México. La madre de Henri había desarrollado una especie de comportamiento ausente como una manera de sobrevivir a la violencia de Joseph, quien la celaba, le pegaba y la mantenía encerrada en su casa, pero no estaba clínicamente loca; la hermana, en cambio, sí había manifestado una esquizofrenia desde la adolescencia.

En agosto Manolo cayó enfermo. Henri se acuerda bien de la fecha porque fue el mismo día de una exposición de las piezas de Alonso Guardado en su casa de la calle Varsovia. Manolo regresaba de Acapulco y fue al coctel; se veía muy mal, traía una gripe tenaz. Al día siguiente, se encaminó al Museo de Antropología con un visitante francés, pero ya no pudo seguir; le faltaba el aire, y esa misma tarde se encerró en su departamento de la calle del Nilo, con fiebre muy alta. Durante los días siguientes sólo empeoró. Era lastimoso ver el deterioro de Manolo: tenía diarrea y necesitaba ir constantemente al baño; le vino una neumonía y regresaron los hongos en la boca. Henri avisó al Papa y los dos mandaron llamar al doctor Jacobo Furszyfer, que internó a Manolo en el Hospital Inglés. Luego la familia decidió llevarse a Manolo al Hospital Ángeles y hacerse cargo del asunto. Aquel internamiento fue el primero de muchos. A mediados de 1991, sin embargo, Manolo pasó por un periodo de mayor estabilidad, y el Papa le rentó una casa en Cuernavaca para que descansara y se distrajera con el jardín y la decoración.

Henri se había quedado sin ingresos. El Papa le daba algo de dinero: estaba desesperado. Alonso lo vio llorar varias veces y llegó a pensar que Henri iba a atentar contra su vida. El Papa ofreció a Henri mudarse a Acapulco; se instalaría con Alonso en la Villa Dolores para supervisar unas obras de remodelación, pues el Papa tenía la idea de vender la casa. Eso los ayudó muchísimo porque ya no tuvieron que preocuparse por el techo ni la comida.

Henri también tuvo que vender su colección de arte. Eran casi cien piezas que había comprado durante los pasados cinco años en galerías locales. Entre las obras había, por ejemplo, un cuadro del artista belga avecindado en México Francis Alÿs, que dos décadas después tendría una carrera brillante, con exposiciones individuales en el Museo de Arte Moderno de Nueva York. La subasta tuvo lugar en un bar de moda, que estaba frente a la tienda departamental de El Palacio de Hierro en la colonia Condesa. Adolfo Patiño fungió como maestro de ceremonias. Asistieron los amigos de Henri: fue una noche de champaña y canapés, y se vendió todo.

Henri trataba de visitar a Manolo en Cuernavaca con alguna frecuencia, hasta que el 22 de diciembre de 1991 el periodista Mario de la Reguera, que tenía una columna de sociales en *El Sol de México*, publicó una fragmento de una carta de Manolo, en la que señalaba que rompía relaciones empresariales y amistosas con Henri. La nota decía:

"Otra noticia es que ya no tengo ninguna relación amistosa con Henri Donnadieu; la razón de esto es muy delicada y por eso prefiero guardármela para mí"... Así reza uno de los párrafos de la misiva navideña que nos envió Manolo Fernández Cabrera desde Cuernavaca, donde está recuperándose de una enfermedad... Tanto que en su fabulosa villa acapulqueña atenderá en Navidad y Año Nuevo a un grupo de amigos extranjeros encabezados por Franco Cuscela, que retorna de Grecia, luego de firmar su divorcio con la modelo mexicana Laura Sánchez... Donnadieu, por su parte, nunca ha dicho "esta boca es mía", pese al insistente rumor del rompimiento con el que fuera su socio por más de tres lustros... Ambos pusieron el memorable Nueve en los cuernos de la luna, así como otros negocios, como el también desaparecido restaurante Olivo y la clausurada disco Metal, un sitio donde, por cierto, invirtieron el ochenta por ciento de su fortuna... Ojalá que para la noche del 24 sus corazones se ablanden y vuelvan a brindar con la hermandad de antaño.

El Papa pidió a Henri que abandonara la casa de Acapulco de inmediato. Henri sabía que Manolo ya estaba muy influenciado por su familia, que tenía pretensiones sobre la Villa Dolores, y eso le dolió muchísimo. Allí fue cuando se enfriaron completamente las relaciones entre los dos. Finalmente, Manolo murió en el verano de 1992. Aunque su madre lo cuidaba en Cuernavaca, nunca supo realmente cuál era la enfermedad que se llevó a su hijo. Regino recordó que vio a Manolo tres días antes de que muriera. Estaba perfectamente bien en el jardín de la casa de Cuernavaca y se sentaron a tomar un *vodka tonic*. Luego Regino se fue de vacaciones a la Isla del Padre con la confianza de que lo iba a ver en quince días, pero cuando llegó a Texas le habló su hermana y le dijo que Manolo había muerto. Manolo falleció en su cama a las dos de la tarde del 20 de agosto. Henri se enteró por una esquela en el periódico y se puso a llorar.

Henri necesitaba encontrar algo que hacer, y la oportunidad se presentó en la forma de un nuevo restaurante en Acapulco que puso Charlie Cordero. Iba a ser un restaurante que debía recuperar el *glamour* viejo del puerto y ofrecerlo a las nuevas generaciones. Cuando Charlie hacía las relaciones públicas de un bar de lujo en el centro de la ciudad, El Cícero Centenario, conoció a un grupo de gallegos: Manolo Pedrido y los tres hijos de Sara Vázquez Raña, miembros de la prominente familia de comerciantes de muebles, Miguel, Abel y Aurelio Domínguez Vázquez. Ellos querían poner un negocio en Acapulco y buscaron a Charlie. Un día, éste habló con Henri y le dijo que estaban buscando un lugar, que si les ayudaba a encontrarlo. Henri dio con un terreno de dos mil metros cuadrados que quedaba junto a un club de playa, el Marbella, construido en los años sesenta por Alfonso de Hohenlohe, descendiente de la familia real de Württemberg. El terreno estaba escondido detrás de un centro comercial, junto a un hotel de gran calado y en una posición privilegiada frente a la famosa roca de El Morro, en la playa de La Condesa. A todo el mundo le gustó la propiedad. Se juntaron en este proyecto los viejos amigos de El Olivo: Charlie, Henri y Diego Matthai, a quien se le encargó el diseño del edificio. Henri le puso el nombre; El Olvido, una rima asonante con El Olivo, que expresaba un claro deseo de sepultar las cosas en el pasado.

El dinero comenzó a fluir de nuevo. Henri y Alonso se establecieron en un departamento que tenía una hermosa vista al mar, pisos de mármol y una piscina volada junto a la sala. A Henri le gusta pensar que era muy *Miami Vice*. Durante el periodo que duró la construcción de El Olvido, aquel departamento se convirtió en el territorio de ensayo de los anfitriones Charlie y Henri, que los fines de semana comenzaron a recibir de nuevo a los bichos de la farándula, la moda, los medios y la gente rica y sociable del momento. Ocasionalmente rentaban yates para ir a Puerto Marqués, aunque la mayor parte de las veces se llevaban a los invitados a algunas discotecas y prostíbulos locales. Corrieron de nuevo muchas drogas, alcohol y una buena dosis de ilusión de abrir El Olvido. Las fiestas eran una manera de calentar el terreno.

A veces los invitados eran los mismos socios gallegos, que se instalaban a pasar un fin de semana con las chicas más guapas y los lujos más exorbitantes. El dinero no representaba un problema. Charlie Cordero pensaba que como estos hombres llevaban sólo la mitad del apellido Vázquez Raña, sentían una mayor necesidad de demostrar quiénes eran. En una ocasión, uno de ellos preguntó a Charlie si conocía el restaurante La Dorada, de Madrid. Como Charlie no lo conocía, tres días después tomaron un vuelo a España. Llegaron al restaurante directamente del aeropuerto de Barajas, sin dormir. Charlie comenzó a revisar la carta, Abel le preguntó qué se le antojaba, Charlie dijo que todo se veía buenísimo. Abel pidió al mesero que trajera todos los platillos del menú.

Diego se sirvió con la cuchara grande del diseño. El restaurante tenía una entrada espectacular, con una escultura en forma de esfera y una especie de cortina de bambú que llevaba a un pasillo y desembocaba en una puerta tailandesa, que compraron con Rodrigo Rivero Lake, el mejor anticuario de México. El Olvido tenía un bar para alrededor de cuatrocientas personas, pero la parte escénica estaba reservada para las mesas que se repartieron entre varias terrazas frente al mar. La idea era crear un ambiente distendido pero chic, donde se pudiera cenar un menú diseñado por dos jóvenes chefs.

Si bien el dinero corría sin cesar para las fiestas, era mucho más difícil hacerlo fluir hacia la construcción. Muchas veces Diego llegaba al fin de semana sin tener dinero para la raya. A pesar de que los socios andaban en sus cuarenta, a él siempre le dio la impresión de estar tratando con unos niños. Poco antes de la apertura, Charlie se dio cuenta de que los socios capitalistas estaban cargando esos gastos excesivos a la cuenta de la inversión, y que iba a ser imposible que él y Henri sacaran jugo de sus esfuerzos. Al salir de una junta, le dijo a Donnadieu que necesitaba hablar con él. Charlie reveló lo que pensaba: nunca iban a ver un peso, él se retiraba del negocio. Henri lo pensó un par de semanas y se dio cuenta de que Charlie tenía razón.

Finalmente Henri nunca se hizo cargo de El Olvido.

Recién llegado a la ciudad de México recibió otra caja de zapatos llena de dinero —Henri no se pudo explicar la coincidencia de las cajas y el dinero— que además tenía las llaves de un auto. Se la enviaba Estela Moctezuma, dueña del restaurante donde había trabajado Charlie, El Cícero Centenario, un sitio frecuentado por políticos y estrellas de la televisión, decorado con las más exquisitas antigüedades, que estaba en la calle de Londres, en la Zona Rosa. Moctezuma le ofreció trabajar en una nueva discoteca, Las Veladoras. Durante los años noventa otra vez Henri llegó a ser el anfitrión de todo México, pero esa fiesta ya no fue su fiesta.

Epílogo

Me gusta mucho vivir en la ciudad de México. Alquilo un amplio departamento frente a una de las plazas más bonitas de la parte céntrica de la ciudad: la Plaza Río de Janeiro. Desde la ventana veo la copa de los árboles y escucho a los niños gritar en unos juegos horrorosos de manufactura china y apariencia de castillo medieval que un político local mandó poner recientemente —y aún así, la plaza sigue hermosa—. Vivo en esta parte de la ciudad desde hace varios años y he visto cómo se ha transformado. Los restaurantes más sabrosos y los bares con mejor ambiente están a tiro de piedra. Cada quince días se pone en la plaza un mercadito de productos orgánicos. El otro día llegó una manifestación de ciclistas que salió del centro de la ciudad. Iban desnudos y trataban de llamar la atención de los automovilistas sobre el carril de las bicicletas. Su destino era Río de Janeiro, que durante unas horas se convirtió en un campo de pieles y ruedas. La gente se metía a bañar a la fuente que rodea una torpe réplica del David de Miguel Ángel, el desnudo original de este sitio.

El joven atribulado del principio de este libro ya es un hombre maduro y ha encontrado un lugar en su ciudad.

La otra noche fui a dar un paseo por la Zona Rosa. Hace tiempo, doce chicos fueron secuestrados en un bar llamado el Heaven After que estaba en la calle de Lancaster, y las autoridades no habían podido dar con ellos. Esto despertó una enorme tensión porque el Distrito Federal parecía más o menos blindado de la violencia que aqueja al resto del país. La gente se pregunta si a partir de ahora también será escenario de los crímenes asociados a los traficantes de drogas. Esa noche circulaban, montados en camionetas, comandos de policías armados hasta los dientes. No es una escena común.

A diferencia de la Plaza Río de Janeiro y sus alrededores, la Zona Rosa ha sufrido una lamentable decadencia. Uno tiene que leer las crónicas de Elena Poniatowska o de Carlos Monsiváis para acordarse de su antiguo esplendor. La vieja zona de la distinción y el buen gusto es un páramo recorrido no sólo por policías sino también por indigentes y *güigüis*, como se llama en la ciudad de México a los enganchadores de clientes, los que van por la calle ofreciendo la entrada a los bares. En la calle de Londres, donde estaba El Nueve, el popular es El Bandazo, un bar donde se baila música de banda sinaloense, otro indicio de la hegemonía norteña, no sólo en el tráfico de drogas, sino también en la música y en la cultura popular. El local donde existió El Nueve estaba cerrado. Ahora lo ocupa un bar llamado Solid Gold, de chicas que bailan en las mesas. Todavía existe la placa que dice: "Proyecto arquitectónico: Jorge Loayzaga". Donde estaba la joyería, ahora hay una tienda de lencería exótica que exhibe maniquíes con bikinis de chaquira roja, plumas doradas y un traje de odalisca, anunciando su próxima apertura.

Sobre Florencia, El Taller, que recientemente se inauguró, estaba clausurado. Unas cuadras hacia el sur, en la calle de Londres, está el local, también cerrado, de Las Veladoras. Enfrente, en cambio, prospera el Nicho's Bar, el único bar de osos gays en la ciudad. Esa noche había una cola de hermosos panzones con bigote y barba, vestidos con camisas a cuadros, esperando a que un insufrible cadenero los dejara entrar.

Hay que seguir caminando hacia el sur, sobre Londres, hasta llegar a la calle de Varsovia y dar vuelta a la derecha para llegar adonde estaba Metal. El imponente edificio hoy alberga a otro bar de strippers, llamado Men's Club. Unas luces de neón de varios colores iluminan el alto muro de la fachada. Dos cuidadores mal encarados esperan en la entrada. Crucé por un detector de metales y caminé hasta otra puerta, que el cuidador abrió apretando un botón desde su puesto. La empujé y entré al club. Frente a mí, las escaleras donde estaban los *Shoes* de Warhol. Ahora hay unos vitrales con figuras de flores iluminadas por atrás. No hay nada más que esos escalones del antiguo diseño de Diego Matthai: todo está muy cambiado. La decoración de este Men's Club me recuerda la de algunos hoteles en Las Vegas, con su falso afrancesamiento. Subí por las escaleras hasta el primer piso. Allí se abrió un gran salón de doble altura que tiene unas veinte mesas y un escenario donde una desnudista bailaba una canción melancólica. Pagué una entrada de doscientos pesos. Era la una de la mañana y el Men's Club estaba casi vacío: en un extremo había una mesa ocupada por bailarinas y, junto a la pista, una pareja bebía vino blanco. Un mesero muy formal, de esos con cara de mayordomo de película de espanto, me condujo hasta una mesa rodeada por cuatro sillones. Pedí un ron con Coca Cola. Rechacé la compañía de una chica, arrepintiéndome de la oportunidad periodística perdida, pero la verdad es que quería sentir el lugar. Ya no tuve fuerzas para rechazar la compañía de la segunda mujer que se paró junto a la mesa. Para mi sorpresa, era la misma que bailaba la canción triste hacía cinco minutos. Sólo hablaba inglés. Se llamaba Olga, era de Ucrania, menuda, delgada, con el pelo negro. Bla, bla, bla. Me contó una historia que me hizo algo de gracia, aunque no terminé de entenderla bien: apuntaba a una amistad con Paulo Coelho. Había vivido en Israel. Pidió un trago que, me advirtió, cargarían a mi cuenta: trescientos pesos. ¿Qué tipo de mujeres me gustaban?, preguntó. Me encontré en la ridícula situación de mentirle, pero tampoco quería decirle la verdad: todas, dije. ¿Me gustaría un baile en uno de los privados por trescientos pesos? No. ¿Me gustaría un baile allí mismo? No. ¿Me gustaba ella? Ordené la cuenta y me fui de allí.

Yo había estado en el Men's Club hace casi un año. Fui a buscar a Regino, el hermano menor de Manolo, que sigue al frente de este mamut. De hecho, ya me había sentado en esa mesa. Aquel día, Regino me invitó a comer, rodeado de la misma oscuridad. Me contó que, después de la clausura, el Metal estuvo cerrado casi dos años. Había mucha gente interesada en el sitio, así que lo ofreció a quien lograra que las autoridades quitaran los sellos: tendría preferencia en un acuerdo de arrendamiento. Un grupo de inversionistas, que tenían la discoteca de Acapulco, el Baby'O, puso en este lugar el Mami'O respetando el diseño original de Diego Matthai. Tres años después, la discoteca decayó y dejó de ser negocio. Regino y un hermano del Papa comenzaron a operarla bajo un nuevo nombre, College, pero tampoco tuvo mucho éxito, hasta que se le ocurrió comprar la franquicia del Men's Club, que pertenecía a un tal Ken Stevens, de Houston.

Regino es un hombre de sesenta y tantos años de edad, alto, moreno, sin pelo, con la cara redonda y un fuerte acento norteño. Esa tarde estaba vestido con un traje impecable y corbata Hermès. Me dijo con cierto orgullo que cuando inauguró el Men's Club, hacía diecisiete años, hizo una fiesta de tres días, y Ken vino de Texas en un vuelo de Continental. Llegó en la mañana y debía regresarse ese mismo día en la noche. Regino fue por él al hotel, lo llevó al Men's Club y le hizo un recorrido por el lugar. Ken no lo podía creer. Canceló su vuelo y se quedó hasta el final de los festejos. Desde entonces Ken dice que el Men's Club de la ciudad de México es la joya de la corona. También es una joya que ha perdido algo de su lustre. Esa tarde había muy poca gente y Regino se quejaba de la competencia. Él debía mantener cierto estándar, cierto decoro: la prostitución está fuera de sus límites. Otros bares, en cambio, ofrecían sexo barato sin trabas, un signo más de la decadencia de la Zona Rosa.

Regino me dijo que había pensado detenidamente si debía hablar conmigo, y que lo había hecho para honrar la memoria de su hermano muerto, del que la familia se siente orgulloso. Era consciente de que si mi principal informante era Henri, él podría aparecer como el villano de la historia. Y es cierto, si uno le pregunta a Henri sobre Regino, salen un montón de malos recuerdos.

Pero Henri no vive resentido ni mucho menos. Después de trabajar en aquel restaurante de la Unidad Cultural del Bosque, se asoció con otro empresario de la vida nocturna que tenía un bar de moda en Polanco, y quería abrir un bistró en la colonia Condesa. El sitio, en efecto, se estrenó, pero la decoración era excesiva, con unas placas de ónix iluminadas por atrás. Y la comida no era muy buena. Cerró a los pocos meses. El empresario abrió entonces otro bar a unas cuadras de allí. Henri estuvo al frente, pero otra vez el sitio estaba fuera de lugar y el empresario en cuestión terminó vendiéndolo a un socio. Henri se quedó, de nuevo, sin un peso.

Luego trabajó en un pequeño barecito en la calle de Orizaba, a unos pasos de la Plaza Río de Janeiro. Este bar se llamaba Amour y, a diferencia de los anteriores, conversaba bien con su entorno y tenía una clientela joven: chicos y chicas guapos de los barrios ricos que vienen a la colonia Roma porque se ha puesto de moda, la banda del dueño del bar. Pero de nuevo los excesos dieron al traste con el proyecto. El bar del barrio se hizo muy ruidoso (la música de los sábados se escuchaba hasta mi cuarto) y fue clausurado.

Ése fue un año difícil para Henri: otra vez anduvo sin dinero. Charlie y Henri tuvieron la idea de hacer algo juntos, pero al final no se pusieron de acuerdo. Alonso, que sigue pintando, mantuvo a Henri hasta que una amiga suya lo invitó a hacerse cargo de un restaurante de churros con chocolate en el sur de la ciudad.

La última vez que vi a Henri tenía muy buen aspecto. Ronda los setenta años. Llevaba una camisa bien planchada y un suéter rojo amarrado alrededor del cuello; la barba cortada con esmero y unos lentes de montura roja, muy a la moda. Tener dinero no es una de las cosas que más le preocupan. A pesar de que dos veces hizo fortuna y dos veces la perdió, nunca lo he visto lamentarse por eso. Es un verdadero aventurero, que juega con las cartas que le llegan; pierda o gane, él quiere seguir sentado a la mesa. Lo vi llorar durante nuestras entrevistas, pero siempre fue en relación con algún amigo muerto. Ese día llegó con Alonso a un cafecito en la Plaza Río de Janeiro y durante todo el rato que estuvimos juntos se estuvo burlando de Alonso y de sus problemas domésticos. Resulta que hace unos años Alonso decidió casarse con una chica que le da problemas, pues lo vigila y lo jode cada vez que quiere salir de copas con amigos. Alonso estuvo en una clínica de rehabilitación por su excesivo consumo de drogas y su esposa tiene temor de que recaiga. Hace un par de años, me dijo que su relación con Henri era la de dos cabrones. Han sido amantes, compañeros: es el gran amigo de su vida y un padre para él.

De vez en cuando, Henri recibe muestras de reconocimiento y cariño por su papel en la cultura y en la vida nocturna de la ciudad. Hace unos años fue convocado para hablar en un homenaje al dramaturgo Emilio Carballido, y todo el medio teatral se acordó de sus generosas producciones. Recientemente, el Museo del Chopo le pidió su archivo personal para integrarlo a un acervo sobre culturas alternativas de los años ochenta. Los curadores del Museo Experimental el Eco están hablando de hacer un gran performance a finales de año para recordar la época dorada de El Nueve.

EPÍLOGO

Cabe preguntarse, ¿cuánto le debe la ciudad a Henri? No sé. Para mí, es un héroe, pero después de todo las ciudades son una obra colectiva y cada quien contribuye con lo que le gusta y le toca hacer. Lo que puedo afirmar es que triunfó el proyecto cultural de Henri y de la gente como él. La ciudad de México es muy atractiva para la industria musical. Los espacios de concierto se han multiplicado, desde los foros masivos hasta los pequeños auditorios, donde las nuevas generaciones escuchan a Madonna o a Patti Smith, a los Arctic Monkeys o a los de Arcade Fire. Pero sobre todo es una ciudad donde se siguen cocinando músicos y grupos; es la ciudad de Café Tacuba, Control Machete, Molotov, Instituto Mexicano del Sonido, Natalia Lafourcade y la adoptiva de Julieta Venegas, o de genios poco conocidos como Miki Guadamur y su grupo, Pan Blanco. Alex Lora del Tri acaba de grabar un disco y sigue llenando auditorios; Saúl Hernández, de Caifanes, cuyo primer éxito fue "La Negra Tomasa", una cumbia fusionada con rock, dio un salto triple hacia delante y acaba de grabar una colaboración con el más grande grupo de cumbia sonidera, Los Ángeles Azules, uniendo simbólicamente a una de las zonas más populares de la ciudad, Iztapalapa, con la escena a la que pertenecía El Nueve.

Las organizaciones de activismo gay siguen siendo un desastre, pero hace unos años la ciudad de México aprobó el matrimonio que reconoce la unión entre personas del mismo sexo. No es que haya habido una andanada de casamientos. Una de las pocas bodas gays a las que fui tuvo lugar en el salón de fiestas de uno de los edificios más caros de la ciudad. Se casaron Manuel y Fernando frente a su familia y sus amigos del trabajo, una buena parte del servicio diplomático. Fue un acto muy significativo: Manuel estaba enfermo de cáncer y, entre otras cosas, estaba haciendo un comentario sobre quién iba a ser su beneficiario en caso de morir, como en efecto sucedió unos meses después. La aprobación de la ley también sirvió para distender la satanización que todavía pesa sobre los homosexuales (según las encuestas, poco más de setenta por ciento de los mexicanos no está de acuerdo con que se den los mismos derechos a los homosexuales) y para fijar en la mente de los capitalinos de cualquier orientación sexual que ésta es una ciudad donde se respetan los derechos humanos. Fue una legislación, además, que precedió a las discusiones en Argentina, Uruguay y Francia.

Ahora que el VIH-sida es una enfermedad que se puede tratar y que existe el reconocimiento legal para el matrimonio homosexual, pienso que la cultura gay de la ciudad está en el umbral de su normalización. Estamos abriendo la puerta del fin de lo gay. En Estocolmo, por ejemplo, los únicos bares gays que funcionan son para inmigrantes; a los homosexuales suecos les interesa identificarse con otra cosa. En Chelsea, en Manhattan, la escena gay más común es ver a una pareja arrastrando una carriola que lleva a su hijo adoptado.

Mientras tanto, en la ciudad de México los bares gays son tan abundantes como ingenuos. Sobre la calle de Amberes, que era una de las más elegantes de la Zona Rosa, se han asentado sitios papilla con nombres tan bobos como Pussy y Papi. Pero Zemmoa, el travesti más glamoroso de la ciudad, aparece en las portadas de las revistas y preside sobre el M. N. Roy, una discoteca extraordinaria escondida detrás de una tienda de paletas heladas, a la que sólo se accede si eres parte de una lista original de invitados, que nadie sabe cómo se formó. La lista es incorruptible.

Mi lugar favorito está en el centro, en la calle de República de Cuba, nombrada así desde los años veinte por el ministro de Educación José Vasconcelos. Se llama Salón Marrakech: hace referencia a una cantina gay del mismo nombre que era muy popular. El Marrakech es un negocio de Juan Carlos Bautista y Víctor Jaramillo, pareja desde hace veinte años. Juan fue funcionario de la Universidad Nacional y activista gay a quien le tocó presenciar el auge y la caída del movimiento, y luego se dedicó a los negocios; también es uno de los mejores poetas de su generación. Víctor, el Pollo, es diez años menor que Juan; estudió periodismo y también se ocupó en sacar adelante sus restaurantes en el centro. El Pollo tiene la virtud de hacerte reír y de caerte bien inmediatamente. Es un humorista feroz. El otro día mirábamos la foto de un conocido que aparecía con un sombrero de explorador. Pollo me dijo: "Mira, Lesbiana Jones".

Un día Juan estaba buscando un estudio, pues quería un lugar para escribir y, por no dejar, fue a ver un local que rentaba un judío ortodoxo en República de Cuba. Desde que lo vio, supo que ahí pondría el bar que se había imaginado hace tiempo. A una cuadra, sobre Cuba, están las cantinas gays más antiguas de la ciudad, el Oasis y el Viena, que fueron los lugares adonde iban a pasar sus últimos años algunos homosexuales del barrio, que de por sí estaba en decadencia. Pero Juan y Víctor supieron leer el entorno: cerca de allí se experimentaba un renacimiento urbano, y tres meses después de abierto, el Marrakech era la locura; hasta *The New York Times* tomó nota.

Siempre he pensado que si la sociedad mexicana quiere curarse de su racismo y sus desigualdades, debería darse una vuelta por el Marrakech. Como El Nueve, pero de una manera más radical, éste es un lugar mixto y abierto.

Durante muchos años, el gran tema en el valle de México fue la migración del campo a la ciudad, pues el país escogió un modelo de desarrollo que castigaba al campesino para convertirlo en proletario urbano. De todas las ciudades del Tercer Mundo, la de México era la que más migrantes recibía por día. La pregunta era cómo se iban a integrar. Esa tendencia paró: los migrantes comenzaron a irse a Estados Unidos debido a las devaluaciones y a la inflación local; la ciudad dejó de crecer y de alguna manera los extensos territorios invadidos por millones de personas que venían del campo se volvieron de clase media y se juntaron con la ciudad.

Son los hijos y las hijas o los nietos y las nietas de esos migrantes los que bailan, beben y ligan de jueves a sábado en el Marrakech. Y hay que decirlo ya: son los más guapos, los tatuados, los revolucionados, los ciudadanos del mundo que siguen una moda o inventan una propia o se travisten como chicas a go-gó. Acá se juntan con algunos niños fresas que se descuelgan desde los barrios elegantes, pero sobre todo con el resto de la clase media que ya estaba en la ciudad. Un personaje del Marrakech: Lady Juanga, también conocido como Jay Maverik, que tiene bodegas en Tepito y una cuenta de Twitter donde se burla todas las tardes de las pretensiones intelectuales de una crítica de arte particularmente obtusa. Un momento siempre emocionante: cuando el DJ Pavel pone "Puto", la canción del grupo mexicano Molotov, y la gente comienza a vibrar desde que escucha los primeros versos:

> Qué, ¿muy machino?
> Ah, ¿muy machino?
> Marica, nena,
> más bien putino.

Y estalla con saltos y gritos cuando hay que cantar:

> Puto, puto, puto. ¡Puto!

Es una manera genial de apropiarse de un insulto y convertirlo en himno de identidad que se canta con una amplia sonrisa en la cara.

El otro día me acordé de El Nueve estando en el Marrakech. Había ido con unos amigos y todos arrastrábamos un pequeño drama personal que parecía importantísimo, pero del que obviamente hoy nadie se acuerda. Nuestro lugar de siempre está junto a la barra, del lado izquierdo. Cuando la música se pone buena, los más exhibicionistas se acercan a esa barra y hay que darles la mano para que se suban a bailar. Ese día cantamos, bebimos y, cuando ya estábamos borrachos, nos fuimos a mi departamento. Nos acompañó Gamaliel, Gama, un talentoso vestuarista quien a veces gusta de vestirse diferente. Llevaba un aspecto inspirado en el primer look de Madonna; pañoleta en la cabeza, camisa Versace, bermudas de mezclilla y zapatos planos de charol bicolor. Gama lleva el pelo largo y cano, esa noche se había hecho *wafles*, una técnica de los años ochenta que te deja el cabello esponjoso y ondulado, como si fuera una nube; la suya era una nube de canas. Gama también tiene una barba de candado: se veía como un duende… como un hada.

Ya en casa, sentía cómo mi entendimiento descendía a un balbuceo, pero un hilo de claridad mental me permitía pensar que esta ciudad sigue siendo capaz de regalarte noches teatrales y desmesuradas, como las de El Nueve. Hablamos de no sé qué cosa: Gama y los demás se quedaron conmigo hasta que cerré los ojos y me quedé dormido. Cuando desperté, los amigos ya no estaban. Gama dejó olvidadas unas gafas oscuras con marco de imitación de carey empedrado con diamantes falsos. Las guardé en un cajón. A veces las saco, me las pongo, voy a la ventana y miro hacia afuera pensando que las nuevas generaciones ya no podrán ver la ciudad con estos mismos lentes: algo ganamos, algo perdimos.

Plaza Río de Janeiro, junio de 2013.

Agradecimientos

Este libro comenzó a tomar forma el día en que Froylán Enciso me enseñó un texto que encontró entre mis papeles: era una autobiografía que escribí hace muchos años y que había olvidado. A principios de los noventa intentaba terminar una novela pero estaba irremediablemente bloqueado. En una ocasión, según yo, sólo por ejercitar los dedos sobre las teclas, escribí ese texto de corrido, unas treinta cuartillas que contaban historias de mi pasado reciente; un ejercicio que también quería para sacar mis demonios y poder continuar con la novela que, por cierto, nunca se publicó. Froylán me dio a releer ese manuscrito con la intención de que me diera cuenta de que la historia de El Nueve era también mi historia y de que el libro debía participar del espíritu de aquellas páginas, es decir, debía tratar sobre la búsqueda de la identidad y el encuentro con una manera de estar en el mundo.

El publirrelacionista Raúl Ibáñez sirvió de puente hacia Henri Donnadieu. Obviamente, este libro le debe un montón a su paciencia y a su memoria; Henri no sólo esperó años a que lo escribiera, sino que me contó su historia una y otra vez y me abrió las puertas de sus archivos, además de ayudarme a localizar a decenas de personas. A todos los entrevistados, también muchas gracias. Pienso que muchos se van a decepcionar porque no aparecen mencionados en las páginas de este libro, o porque el texto no hace justicia a su historia, a la manera en que ellos vivieron los años enloquecidos de El Nueve. Pido una disculpa, pero tuve que inclinarme por algún punto de vista que dejaba fuera a los demás. De cualquier manera, las horas que me dedicaron no están perdidas, pues me ayudaron enormemente a contextualizar lo que aquí se cuenta. Quiero hacer mención especial de algunas personas que entrevisté y más tarde murieron. Dedico este libro a la memoria de Jacqueline Petit, Adolfo Patiño, Illy Bleeding, Miguel Ángel Ferriz y Manuel Ávila Camacho.

El título me lo sugirió el editor Julio Villanueva Chang una tarde en la librería del Fondo de Cultura Económica, en Miguel Ángel de Quevedo, cuando todo esto estaba en un estado embrionario. Después de un interrogatorio sobre el sentido de la historia, Julio pronunció el título y luego se olvidó del mismo, como lo hacen con sus predicciones las personas que leen la fortuna.

Durante la investigación tuve varios asistentes. Diego Flores Magón me ayudó a navegar por algunos archivos en la ciudad de México; Daniel Tovar, en la hemeroteca de la Bibliotèque Nationale de France. Yasser Villaulfo y Zazil Collins fueron muy pacientes con las transcripciones de las entrevistas y pasaron muchas horas en la hemeroteca de la UNAM, además de que consiguieron algunos discos de oscuros grupos musicales. Finalmente, Ricardo Enríquez se encargó de hacer las transcripciones de las últimas entrevistas y echarme una mano con la recopilación de las fotos. Gracias a Armando Cristeto, a Pedro Meyer y a Rubén Ortiz Torres por dejarnos mirar sus archivos.

Julián Herbert, Fabrizio Mejía y Juan Pablo Villalobos realizaron lecturas entusiastas del manuscrito (gracias a su erudición futbolera, Villalobos detectó un garrafal error en relación con el Mundial de México 1986). Leila Guerriero, mi compañera argentina en la edición de la revista *Gatopardo* desde hace años, leyó el texto con una mirada fresca, en buena medida porque es ajena a la historia que se cuenta y al país donde sucede, y me hizo sentir que el relato no estaba irremediablemente perdido en el color local. Luis Felipe Fabre me enseñó el libro de Greil Marcus, *Rastros de carmín*, del que tomé un epígrafe.

A Antonio Martínez, alias Marvel o Hackercito, que es veintitrés años menor que yo, le debo la primera lectura intergeneracional además de algunas reflexiones sobre el fin de lo gay. El Parnaso de las Piernudas, es decir, el grupo que formamos Juan Carlos Bautista, Víctor Jaramillo, Hernán Bravo Varela, Armando Vera y el mismo Antonio Martínez, ha sido un foro para la lectura en voz alta de algunos capítulos, pero sobre todo una congregación fraternal muy, muy chistosa, que sesiona principalmente en Tlacotalpan, Veracruz. Juan y Víctor son los dueños del bar El Marrakech que, según yo, hereda algo de El Nueve. Sobre el Marra sólo repetiré lo que me dijo en una ocasión el escritor irlandés Colm Toibin, una noche que Francisco Goldman, Hernán y yo lo llevamos de copas: "This must be the best disco in the world".

En la búsqueda de editor, me pasó lo mismo que al escritor inglés Toby Young, cuyas torpezas en el mundo editorial estadounidense lo condujeron a escribir unas memorias llamadas *How to Loose Friends and Alienate People.* Por eso quiero agradecer a todos los editores que leyeron el manuscrito y se entusiasmaron: a Diego Rabasa, de Sexto Piso, de quien me tuve que esconder una temporada; a Martín Solares, de Océano, que terminó por darme unas ideas buenísimas sobre cómo mejorar el texto sin obtener nada a cambio; a Gabriel Sandoval, de Planeta, que le tocó ser testigo de unos *mood swings* alarmantes; a Marcela González Durán, de Santillana, que al final tuvo que llamarme la atención por el pésimo papel que estaba haciendo de agente literario de mi propio manuscrito, no lo vuelvo a hacer. Obviamente, gracias a Andrés Ramírez y a Cristóbal Pera por acoger este texto.

Finalmente, quiero agradecer a mi falso sobrino, Diego Osorno, por su complicidad en estos años, y también dedicar *Tengo que morir todas las noches* a mis verdaderos hermanos: José Luis, Cheli, Carlos, Martha, Lorenzo, Arturo, Javier, y a la memoria de Cristina. A lo mejor encuentran algunas respuestas a los desvelos y las preocupaciones de nuestra madre durante esa época. Creo que a algunos de ustedes nos les gustará ver el nombre de la familia entre tanta desmesura. Ni modo. Pienso, en cambio, que ésta es una lectura recomendable para sus hijos, mis adorados sobrinos, y en este grupo incluyo a mi otra sobrina, que es como mi hermana, Ana Gabriela Hería.

Índice onomástico

¡Cachún, cachún, ra-ra!, 140
10, la mujer perfecta (Edwards), 99
20 años de aventuras de Hip 70 (Blanco), 168

A ustedes les consta (Monsiváis), 48
Acapulco Gold (Garibay), 59
Acosta Chaparro, Arturo, *Don Warma*, 54, 66, 68, 71, 77
Aerosmith, 195
Aguilera, Manuel, 200
Aguirre, Ramón, 190, 199
Alarcón, familia, 113
Alarma!, 32
Alaska, 20, 123
Alaska y Dinarama, 161
Alatriste, Gustavo, 49
Albó, Luis, 207
Alcaraz, José Antonio, 116
Alemán, Julio, 99
Alemán Valdés, Miguel, 57
Almada, Alicia, 26
Almeida, Luis, 128
Almendros, Néstor, 20, 109
Almodóvar, Pedro, 109
Álvarez, Humberto, 173, 174
Álvarez, Juan, 143, 199, 201, 202, 205, 207
Álvarez Félix, Enrique, 113
Alÿs, Francis, 209
Amor, Guadalupe (Pita), 126
Amour (bar), 219
Ancira, Carlos, 116
Andress, Úrsula, 64
Ángeles Azules, Los, 221
Angulo, Aníbal, 123

Antúnez, Marco, 166, 168
Arango, Alejandro, 111, 151
Arango, hermanos, 29
Arcade Fire, 221
Aron, Raymond, 82
Arctic Monkeys, 221
Avernin, Paquita, 19
Ávila Camacho, Manuel, 57
Avilés, Kenny, 173
Azamar, Esteban, 151
Azcárraga Milmo, Emilio, 123

Baby'O de Acapulco (discoteca), 218
Baile de los 41, 32
Baker, Josephine, 103
Baltimora, 106
Bandas Unidas Kiss, 159
Barragán, Miguel, 101
Barrios Gómez, Agustín, 25
Basquiat, Jean-Michel, 192
Bators, Stiv, 166
Bautista, Juan Carlos, 35, 222, 223
Beckman, Óscar, 51
Begoña, Laura, 122
Bell, Monna, 98, 101
Bellocchio, Mario, 201
Beltrán Ruiz, Pablo, 128
Belvedere del Hotel Continental (restaurante), 33
Bermejo, Margie, 136
Besson, Christian, 199, 200
Blanco, Armando, 158, 168, 171, 172
Bleeding, Illy, 162, 165-172, 183
Boari Dandini, Elita, 26

ÍNDICE ONOMÁSTICO

Boari, Adamo, 26
Bogue, Alejandra, 146-148
Bojalil, Jesús, *Capitán Pijama*, 167, 170
Bolaño, Roberto, 159
Bon y los Enemigos del Silencio, 155
Borsani, Dario, 53
Botellita de Jerez, 153, 155, 158
Botrey, Alex, 166
Bowie, David, 166, 167
Bracho, Carlos, 98
Bramante, Donato d'Angelo, 190
Braniff, Chela, 162, 170, 173
Breeskin, Olga, 98
brillo de la ausencia, El (Olmos), 117
Buñuel, Luis, 98

Cabañas, Lucio, 55, 58
Cabaretito (bar), 146
Cabrera, Martha, 30
Cabrera, Rosa Elena, 29
Café Tacuba, 188, 221
Caifanes, 153, 163, 221
Cálamo, 136-138
Calatayud, Óscar, 31, 36-38, 41, 43, 52, 54, 64, 65, 94, 95, 97, 101, 103, 107, 108
Calderón, Francisco José, *Paco*, 52
Calzada Véjar, Ramón, 65, 70, 71
Camacho, Alejandro, 127
Cance, George, 86
Canedo, Juan, 205
Cano, Nacho, 127
Canto de la Tripulación, El, 187
Capetillo, Alfonso, 128
Capote, Truman, 97
Caracas, Antonio, 65, 66, 68, 69, 71, 72, 74
Carballido, Emilio, 115, 220
Cárdenas, Nancy, 135
Cardin, Pierre, 26, 30
Casals, Gregorio, 60
Casino Shanghai, 154, 162, 165, 173-175

Castañón, Adolfo, 60
Castillo, Julio, 115-117
Castro, Fidel, 150
Castro, Mar, *Chiquitibum*, 20
Cavallo Camera, Josephine, 78
Champs Élysées (restaurante), 19, 125
Chapa Bezanilla, Pablo, 202
Charada (bar), 36
Chávez, Julio, 47
Chávez, Tony, 107
Chavo del Ocho, El, 173
Chez Jean et François (hotel), 80
Chiappa, Sergio, 190
Claudia, 27, 28
Club Davis (bar), 166
Coelho, Paulo, 217
Colbert, Claudette, 48
Colina, Lolita de la, 97
College (bar), 218
Colmenero, Víctor, 182, 183, 201, 203-207
Conducta impropia, 20, 109
Connery, Sean, 64
Contenido, 28, 29
Control Machete, 221
Corcuera, Enrique, 26
Corcuera, Viviana, 26
Cordero, Charlie, 22, 122-125, 210-213, 219
Cordero, Paloma, 113
Corneille, Pierre, 126
Cortina, Antonio, 166
Cow, Henry, 166
Crazy Horse (bar), 170
Cristeto, Armando, 150, 153
Cuatro bodas y un funeral, 109
Cuentos mexicanos (Fadanelli), 187
Cueva, Mario de la, 195
Cueva, Miguel Ángel de la, 143-146, 148
Cuevas, José Luis, 25, 170
Cuevas, Ximena, 170
Cuna de lobos, 116, 117

ÍNDICE ONOMÁSTICO

Cuscela, Franco, 183, 184, 196, 201, 209
Cussi, Paula, 123

D'Val (bar), 36-38, 103
Dalí, Salvador, 90
Danceteria (bar), 172
Dangerous Rhythm, 158, 167. *Véase también* Ritmo Peligroso
Dead Boys, 166
Degrenne Jean-Jacques, 142, 144, 145
Delahayey, Juliette, 85
Depeche Mode, 172
Derecho a la fiesta. Rock y autogestión en la ciudad de México (Pacho), 159
Dereck, Bo, 99
detectives salvajes, Los (Bolaño), 159
DF, 22
Diario de México, 45
Diario Impacto, 70
días y los años, Los (González de Alba), 135
Díaz, Porfirio, 32
Díaz Figueroa, Febronio, 53, 59, 71-73
Diener, Ricardo, *Rico*, 26, 189
Disco (Goldman), 72
Domínguez Vázquez, Abel, 211, 212
Domínguez Vázquez, Aurelio, 211
Domínguez Vázquez, Miguel, 211
Donnadieu, Henri-Raymond, 17, 21-24, 31, 37, 38, 52, 54, 55, 65, 71, 75-95, 97-105, 107, 109-113, 115-117, 120-128, 138, 140-147, 149, 154, 164, 175, 177-179, 181-184, 186, 189-202, 205-213, 219-221
Donnadieu, Joseph, 78, 208
Duchamp, Marcel, 194
Dueñas, Manuel, 34
Duncan, Isadora, 126
Duque de Windsor (Eduardo VIII), 57
Durazo Arturo, *El Negro*, 45

El Bandazo (bar), 216
El Boccaccio (bar), 67
El Candelero (bar), 207
El Cícero Centenario (bar), 210, 213
El Cíngaro (prostíbulo), 200
El Famoso 41 (bar), 17, 43
El Mirador (bar), 100
El Nueve (bar), 16-18, 20-24, 41-43, 45, 51, 52, 54, 64, 67, 77, 97-99, 101, 102, 104, 106, 108-111, 117, 122, 123, 125-127, 136, 138, 140-146, 148, 149, 155, 158, 162-165, 169-173, 175, 177, 181, 182, 184-188, 194, 198, 200-202, 204-207, 210, 216, 220, 221, 223-225
El Nueve de Acapulco (bar), 52-56, 61, 62, 64-69, 71, 75, 95, 103, 178
El Olivo (restaurante), 120-127, 149, 177, 201, 205, 207, 210, 211
El Olvido (restaurante), 211-213
El Taller (bar), 135-138, 216
Elías Calles, Alfredo, 170
Elías Calles, Plutarco, 26
Emerson, Lake and Palmer, 166
En Vivo, 174
Encuentra tu camino (Hopkins), 113
Escarré, Pilar, 172
Esqueda, Xavier, 28, 121
Estoril (restaurante), 125
Excélsior, 44, 151, 202
Extraño retorno de Diana Salazar, El, 116
Fabre, Jorge, 51
Fadanelli, Guillermo, 187, 188
fantasma de la ópera, El, 144, 145
Fassbinder, Rainer Werner, 20, 109
Félix, María, *La Doña*, 41, 113, 115
Fernández, Nicanor, 29
Fernández Cabrera, Manuel, *Manolo*, 28, 29-31, 37, 38, 52, 54, 55, 64-66, 68, 69, 72-77,

233

93-95, 100, 101, 110, 111, 119-
124, 127, 128, 183, 184, 189-
193, 195-199, 201, 202, 208-
210, 218
Fernández Cabrera, Regino, 119,
   197-201, 204, 206, 207, 210,
   218, 219
Ferriz, Miguel Ángel, 112-114, 116,
   117, 141
Fiebre de Sábado por la Noche, 65
Figueroa, Rubén, 53, 55, 58
Finland, Tom of, 12
Flores, Lola, 41, 103
Flynn, Errol, 57
Fonda El Refugio, 125
Fonda San Francisco, 125
Fotografía, arte y publicidad, 150
Fouquet's (restaurante), 125
Fragancia Tixou, 143
France Australe, La, 92
France Libre, La, 82
Franch, Martí, 184, 185
Frente Homosexual de Acción
   Revolucionaria (FHAR), 44, 45,
   50, 51, 64
Friedman, Jane, 172
Fundación Mexicana de Lucha
   contra el Sida, 136, 137
Furszyfer, Jacobo, 100, 208
Fux, Aaron, 67

Gallery (bar), 53, 54, 103, 104, 146
Gamaliel, *Gama*, 225
Garcés, Mauricio, 98, 99
García Noriega, Lucía, 124
García Soler, León, 44
Garibay, Ricardo, 56, 59-61, 63,
   64, 71
Gat, Janos, 173
Gaulle, Charles de, 78
Genet, Jean, 20, 109
Girón, Fito, 65
Givenchy, Hubert de, 17
Godard, Jean-Luc, 110
Goeritz, Mathias, 33, 110

Goldman, Albert, 72
González, Edith, 116, 190, 198
González de Alba, Luis, 135-137,
   146
*Gráfico, El. Tribuna del Pueblo
   Guerrerense*, 66, 70
Graham, Juan Pablo, 169
Gralia, Margarita, 127
Gran Hotel de la Ciudad de
   México, 93, 168
Grant, Cary, 57
Guadalajara, Pepe, 167
Guadamur, Miki, 221
Guardado, Alonso, 178, 179, 181,
   196, 199, 201-203, 205, 207-
   209, 211, 219, 220
Guardado, Freddy, 202, 205
Guerrero, Jorge, 125, 205, 206, 207
Guerrilla Gay, 136, 137
Guevara, Nacha, 99
Guillot, Olga, 97, 98
Guirini, Giuliano, 26-31, 39, 54, 75
Gurrola, Juan José, 111, 112, 162,
   180
Guzmán, Magda, 116

Hagen, Nina, 20, 170
Hank González, Carlos, 45, 46, 51
Haring, Keith, 192
Harmony, Olga, 114
Harry Potter (Rowling), 109
Harry, Deborah, 193
Haussman, barón, 61, 65
Heaven After, 215
Hemingway, Ernest, 60
Heraldo, El, 66, 113
Hernández Galicia, Joaquín, *La
   Quina*, 200
Hernández, Amalia, 93
Hernández, Juan Jacobo, 44
Hernández, Saúl, 163, 221
Hijo del Santo, 182
Hip 70, 158, 167, 168, 171
Historia mínima de la noche (Bautista),
   35

ÍNDICE ONOMÁSTICO

Hockney, David, 111, 112
Hohenlohe, Alfonso de, 211
Hola, Charlie, 98
Hopkins, John, 112
Hopkins, Pixie, 170
Hotel Bristol, 202
Hotel del Prado, 39, 47, 139
Hotel Fiesta Americana, 93
Hotel Fiesta Palace de Reforma, 41, 54, 99
Hotel George V, 54, 93
Hotel Hilton, 93
Hotel Los Flamingos, 56, 57
Hotel María Isabel, 14, 35
Hotel Montejo Reforma, 19
Hotel Presidente, 56
Hotel Ritz de Nueva York, 166
Hotel Texas, 14
Hotel Villa Vera, 56
Huérfanos, 117

Ibáñez, José Luis, 117
Iggy Pop, 166, 167
Inclán, Rafael, 140
Insólitas Imágenes de Aurora, Las, 153, 155, 163, 164
Instituto Mexicano del Sonido, 221
Interview, 128, 191
Islas, Claudia, 98, 99

Jackson, Enrique, 198, 199
Jaramillo, Víctor, *el Pollo*, 223
Jett, Joan, 106
Jis (José Ignacio Solórzano), 153
Johnson, Bird, 64
Jones, Grace, 12, 64, 104
Jones, Rebecca, 127
Jorge V de Inglaterra, 128
Jornada, La, 114, 133, 136, 137, 151
Juan Gabriel, 53, 61, 64, 103
Juan Pablo II, 75
Juárez, Víctor, 191

Kaiser, Bernard, 89, 92, 94
Kalafe, Denisse de, 106

Keller, Jaime, 165. *Véase también* Illy Bleeding
Kemp, Lindsay, 166, 167
Kennedy, John F., 154
Kenny y los Eléctricos, 162, 173
Kerouac, Jack, 158
Kinsey, Alfred C., 13
Kitsch Company, 117, 143, 145, 146, 148, 177, 180, 193, 198
Kurtycz, Marcos, 154

L'Académie de Billard (billar), 87
L'Baron (bar), 116, 136, 146
L'Étui, El Estuche (bar), 33
La Cantina del Vaquero, 136
La Dorada (restaurante), 212
La Góndola (restaurante), 125
La Grange (bar), 86
La Huerta (prostíbulo), 60
Labrada, Xavier, 109
lado oscuro de la luna, El (Villoro), 160
Lady Bleed, 167
Lady Juanga, Jay Maverik, 224
Lafontaine, Mario, 183
Lafourcade, Natalia, 221
Lambda, 44
Las Adelas (bar), 33
Las Veladoras (bar), 213, 216
Le Blanc, Jean-Marie, 88
Le Café de Paris (café), 87
Le mémorial calédonien, 87
Le Monde, 83
Le Neuf (restaurante), 26-30, 38, 54, 55, 94
Led Zeppelin, 161
León, Eugenia, 136, 138
Les Trois Cloches, 80
Lhardy, Villamar, 35
Libertad, Tania, 136
Lippman, Sally, *Disco Sally*, 119
Llano, Luis de, 127
Loayzaga, Jorge, 216
Lome, Miguel, 201, 203, 205
López López, Miguel, *Viejo López*, 13

ÍNDICE ONOMÁSTICO

López Mateos, familia, 59
López Portillo, José, 100
Lora, Álex, 163, 221
Los Eloínes (restaurante), 33
Lost Continents, 172
Loyzaga, Jorge, 26
Ludlam, Charles, 142, 143, 193
lugar sin límites, El (Ripstein), 98
Luis Miguel, 127
Luna, Alejandro, 191

M. N. Roy (discoteca), 222
Madariaga, Javier, 167
Madonna, 172, 193, 221, 225
Madreselva (bar), 32
Madrid me Mata, 187
Madrid, Miguel de la, 113
Magaña, José, 140
Magic Circus (discoteca), 102
Mahler, Gustav, 15
Makos, Christopher, 128, 191-193
Malanga, Gerard, 194
Maldita Vecindad, 22, 155, 157, 196
Malraux, André, 82, 83
Mami'O (discoteca), 218
Manilow, Barry, 101
Mann, Thomas, 15
Manrique, Rafael, 50
Marc, Xavier, 112, 113, 115
Marceau, Marcel, 166
Marghieri, Mario, 18-20
Marras, Gisella de, 26
Martínez, Enrique, 17-19
Martínez, Pedro Armando, PAM, 97
Mastroianni, Marcello, 201
Mathison, Esteban, 77
Matouk, Gene, 47
Matthai, Diego, 110, 111, 119-121, 190, 191, 211, 212, 217, 218
Men's Club (table dance), 217, 218
Mendès France, Pierre, 83
Méndez, Lucía, 134
Méndez, Manuel, 18-20
Mendiola, Federico, 103

Mercado, Luis, 144
Mérida, Carlos, 33
Merklen, Christian, 112, 142, 144
Metal (bar), 22, 117, 127-129, 189, 190, 193, 195-200, 204, 210, 216, 218
México en la Cultura, 151
Meyer, Pedro, 180
Michoutouchkine, Nicolaï, 90
Miguel Ángel, 215
mil y unas nachas, Las, 99
Minelli, Liza, 195
Miss Fuego Artificial (Donnadieu e Ibáñez), 117
Moctezuma, Alfonso, *Dean Stylette*, 165, 167
Moctezuma, Estela, 213
Moho (Fadanelli y Yehya), 187
Molina, Armando, 155
Molotov, 224
Monroe, Marilyn, 104, 154, 194
Monroy, Víctor, 183
Monsiváis, Carlos, 20, 32, 48, 98, 151, 216
Mont, Daniel, 33
Morgans Hotel, 192
Moulin, Jean, 78
Muerte en Venecia (Mann), 15
Mugler, Thierry, 123
Muñoz Rocha, Manuel, 202
Murayama, Noé, 28
Museo Experimental el Eco, 33, 110, 220

Nava, Víctor, 51
Navalos, hermanos, 51
Navarro, Juan, 162
Nazi Dog, 166
Negri, Pola, 48
New Order, 172
Newell, Mike, 109
Nexos, 136, 151
Nicho's Bar, 216
Nicolau, Carlo, 172
Nicolayevsky, Ricardo, 170

ÍNDICE ONOMÁSTICO

Ninas, 59
Niro, Robert De, 92
Nomi, Klaus, 169, 203
Novedades, 26, 97
Nuestro Cuerpo, 45
NunSexMonkRock, 20

O'Dwyer, Bill, 55, 56
Oasis (bar), 223
Ocaña, Guillermo, *Camelia la Texana*, 31, 37, 38, 41, 65, 95, 99, 104, 139, 149, 171
Oikabeth, 44
Ojeda, Manuel, 113-115
Olivera, Adriana, *La Pájara*, 170
Olmedo, Raquel, 98
Olmos, Carlos, 117
Onassis, Aristóteles, 72
Orendáin, Ignacio, *Nacho*, 28, 29
Orinoco (Donnadieu y Carballido), 115, 116
Osorno Barona, Luis, 11
Otero, Bella, 97

Pachecas a Belén (De la Cueva), 143
Pagliai, Bruno, 30
Palomo, Eduardo, 116
Pan Blanco, 221
Panchitos, los, 162
Pantoja, Jorge, 157
Papi (bar), 222
Paredes Pacho, José Luis, 157-159
Parra, José Luis, 42
Pascal, Jean-Claude, 80
Pasquel, Silvia, 99
Patiño, Adolfo, 151, 194, 199, 209
Paz, Octavio, 23, 151

Pebble, 166
Pecanins, Ana María, 184, 185
Pecanins, Betsy, 136
Pecanins, hermanas, 185, 186
Pecanins, Teresa, 184
Pedrero, Jaime, 107
Pedrido, Manolo, 211

Pellicer, Ariane, *Nina la Punk*, 170, 172
Pellicer, Pilar, 113, 170
Pendas, Piro, 162, 167, 171
Penthouse (bar), 36, 37
Peña, Juan Gerardo, *Barry*, 101, 102, 105
Peralta, Braulio, 136, 138
Peralta, Emma, 101
Pérez Cañedo, Adriana, 124
Performance, 167
Perla Loreta Hayworth, 143
Perón, Evita, 104
Petit Rivoli (restaurante), 53, 60, 69, 73
Petit, Jacqueline, 53-56, 59-61, 63-77, 93, 95, 177
Picasso, Pablo, 78, 147, 153
Piccolo Mondo (bar), 36, 37
Pijamas A Go-Go, 170
Pilioko, Aloï, 90
Pinal, Silvia, 98
Pino, Rafael del, 34
Piñar, Carlos, 113
Plastic Cocks, 167
Poniatowska, Elena, 126, 216
Pons, Ventura, 183, 184, 186
Porter, Cole, 20
Portes Gil, familia, 59
Posada, José Guadalupe, 32, 36
Posesión (Margo Su), 49
Proceso, 37, 72, 113, 134, 151
Puig, Manuel, 20
Pusmoderna, La (Villarreal), 187
Pussy (bar), 222

Querelle de Brest (Fassbinder), 20, 109

Racine, Jean, 126
Radio Futura, 161
Ramírez, Ignacio, 72
Ramón, David, 109
Reagan, Ronald, 135, 151
Reed, Lou, 166, 172

237

ÍNDICE ONOMÁSTICO

Regla Rota, La (Sánchez Lira y Villareal), 149, 151-153, 155, 158, 159, 164, 181, 187
Reguera, Mario de la, 66, 209
Rendón de Olazabal, Eugenia, 28
Reza, Alejandro, 137, 138
Río, Dolores del, 55, 109, 119
Ríos, Miguel, 161
Rippey, Carla, 151, 153, 194, 195
Ripstein, Arturo, 98, 117
Ritmo Peligroso, 162, 167, 173
Rivero Lake, Rodrigo, 212
Rívoli (restaurante), 31
Robledo, Carlos o Charlie, *This Grace*, 165-167, 171-174
Rock 101, 159-161
Rockotitlán (bar), 21, 159
Rodríguez, Jesusa, 136
Rojo Cama, Vicente, 180
Rolling Stones, 160
Romo, Enrique, 122
Rossell de la Lama, Guillermo, 68
Rosset Desandre, Franca, 26
Rotten, Johnny, 170
Roura, Víctor, 153
Ruiz Beltrán, Pablo, 128
Ruiz de Velazco, Tobías, 30

Saad, Guillermo, 36, 39
Sabido, Miguel, 120
Salas, Luis Gerardo, 160-162
Salinas de Gortari, Carlos, 24, 200
Salinas de Gortari, Raúl, 202
Salinas, Carmen, 98
Salón Marrakech (bar), 222-224
Salón Niza (bar), 47
Samaniego, Fidel, 98
Samanta, *Chamichami*, 47
Sánchez Lira, Ramón, *Mongo*, 149-155, 158, 164, 179-181, 186, 187
Sánchez Navarro, Juan, 26
Sánchez, Hugo, 135
Sánchez, Laura, 209
Sánchez-Osorio, Nicolás, 26, 31, 67, 128

Sans Souci (bar), 53
Sant, Gus Van, 109
Santamarina, Guillermo, 169, 170
Santibáñez, Roberto, 125-127, 195, 205
Sarduy, Severo, 20
Scharf, Kenny, 192
Scherer García, Julio, 44
Schmidt, Walter, *Denisse Sanborns*, 165, 167, 172-174
Schnabel, Julian, 192
Schutz, Fanny, 98
Serrano Limón, Jorge, 134
Serrano, Irma, 38, 39
Sex Panchitos, 159
Sex Pistols, 160, 162, 170
Sharif, Omar, 31
Silva, Pepe, 201, 203-205
Sinatra, Frank, 72
Size, 158, 162, 165, 167-171
Slim, Carlos, 51
Slim, Piero, 51
Smith, Patti, 221
Soberón, Guillermo, 134
Sokol, Sasha, 195
Sol de Acapulco, El, 70, 73
Sol de México, El, 44, 209
Solid Gold (table dance), 216
Sonido (Robledo), 166
Stauffer, Teddy, *Mr. Acapulco*, 53, 56
Stevens, Ken, 218
Sting, 169
Stonewall, 64
Studio 54 (discoteca), 119, 192
Su, Margo, 49
Sucesos (Alatriste), 49
Sukharno, Dewi, 64
Suntory (restaurante), 125
Swansey, Bruce, 113
Sweeney Todd, el diabólico barbero de la calle de la Horca, 116, 143, 190

Tabé, Jean-Claude, 141
Talking Heads, 164
Taxi Driver (Schrader y Scorsese), 92

238

ÍNDICE ONOMÁSTICO

Taylor, Elizabeth, 48
Téllez, Carlos, 116, 117, 146
The Clash, 160, 162
The Lady from Shanghai (Wells), 57
The New York Times, 223
The Police, 160, 164, 168, 169
The Pyramid Club (bar), 172, 193
The Times of Harvey Milk (Coburn, Wilson, Epstein), 110
The Velvet Underground, 194
Three Souls in my Mind, 163. *Véase también* El Tri
Tibol, Raquel, 194
Tichenor, Brígida, 128
Tiempo Libre, 136
Timbiriche, 127, 174, 195
Timinoff, Nicolás, 54, 93
Tin Tan (Germán Valdés), 154
Torre, Ignacio de la, 32
Torres Izábal, Lorenzo, 51
Torroja, Ana, 123, 127
Toulouse-Lautrec (restaurante), 34
Tri, El, 155, 163, 173, 221
Trino (José Trinidad Camacho), 153
Trouyet, familia, 53
Turner, Tina, 106

U2, 160
Universal, El, 42, 98, 115
Universal Gráfico, 32
Unomásuno, 110, 151

Valedespino, Martha, 36, 37
vampiro de la colonia Roma, El (Zapata), 33
Vasconcelos, José, 222
Vasconcelos, Tito, 143-146
Vázquez Raña, Sara, 211
Vázquez Torres, Ignacio, 199, 200
Vega, Isela, 37
Vega, Patricia, 137
Velázquez, Lorena, 98
Velázquez, Tere, 52

Venegas, Julieta, 221
Venus Rey, 168
Vermonden, Jacques, 127, 189, 190
Viena (bar), 223
Viletones, 166
Villarreal, Rogelio, *Loquelio*, 149, 151-155, 163, 181, 186, 187
Villaseñor, Margarita, 116, 117, 120, 121, 125
Villoro, Juan, 160
visita de la bestia, La (Donnadieu y Ripstein), 117
Vite, Jaime, 103-107, 117, 141-144, 147-149, 182, 195, 199, 201, 203, 205, 207
Vivanco, Carlos, 172
Vogue (discoteca), 102
Vuelta, 23, 151

Warhol, Andy, 128, 142, 191-195, 199
Wayne, John, 57
Webber, Andrew Lloyd, 145
Weill, Kurt, 172
Wells, Orson, 57
Wright, Frank Lloyd, 55

Xochilteotzin, Gustavo, *Xóchitl*, 36, 38, 46, 47-50, 52, 54, 64, 104, 106, 146

Yamamoto, Yohji, 145
Yarto, Claudio, 102
Yehya, Naief, 187, 188
Yo te saludo, María (Godard), 110

Zanzíbar (bar), 79
Zapata, Emiliano, 30
Zapata, Luis, 33
Zappa, Frank, 166
Zavala, Ulalume, *Ula*, 154, 165, 170-175, 183
Zemmoa, 222
Zúñiga, Cuauhtémoc, 116, 117

Tengo que morir todas las noches, de Guillermo Osorno
se terminó de imprimir en agosto 2014 en
Drokerz Impresiones de México, S.A. de C.V.
Venado Nº 104, Col. Los Olivos, C.P. 13210,
México, D. F.